絕歌：日本神戶兒童連續殺傷事件

前少年A

蘇默——譯

こうべれんぞくじどうさっしょうじけん

目錄 contents

推薦序　從日本的「少年A」到臺灣的「少年B」　006
推薦序　為了不要再有少年A的絕歌　008
導　讀　012

第一部

失去名字那一天　023
夜泣　031
生存的希望　034
水池　039
各自的儀式　044
裂錨　050
原罪　058
斷絕　079
GOD LESS NIGHT　094
蒼白時代　108
父親之淚　110
新城的天使　124

精神狩獵者 131
咆哮 141
審判 155

第二部

重新站在天空下（二〇〇四年三月十日～四月初） 161
更生保護設施（二〇〇四年四月初～四月中） 165
鯨鯊先生與螳螂先生（二〇〇四年四月中～二〇〇四年五月中） 178
最後住處（二〇〇四年五月中～二〇〇五年一月） 195
踏上旅途（二〇〇五年一月～二〇〇五年八月） 213
新天地（二〇〇五年八月中～二〇〇七年十二月） 220
各地飄泊（二〇〇八年一月～二〇〇九年六月左右） 237
一隅之地（二〇〇九年九月～二〇一二年十二月） 241
渺小的回答（二〇一二年十二月～） 270
路（二〇一五　春） 276

謹致被害者家屬 280

推薦序　從日本的「少年A」到臺灣的「少年B」

中央警察大學犯罪防治學系　鄧煌發教授

上完課，一如往常踏進研究室；桌上的手機夾著震動聲響，驚擾小憩的欲求。回應後，原來是某一暢銷大報的知名社會記者來電詢問發生在南臺灣鄉間一件虐殺幼狗事件的行為人的心態，我當下為這不知是誰（少年B）的行為動機嚇出一身冷汗，驚呼：受害者還好不是人，但又有何異呢？

純樸的雲林鄉間，一隻母狗正細心地舔舐被斷頭的幼狗頸部滲出的血，從牠那無奈的低吟聲，更確定倒臥的是牠心愛的幼子……；昨天牠們還一起結伴到隔壁村莊冒險。記者說：「有一天，『少年B』經過牠們家附近，因懷恨被母狗追，遂計誘擄獲幼狗，將之殺害後，故意丟置在母狗身旁……。為什麼會有這樣心狠的人，他的心態到底是什麼？」

當時，心中閃過一九九七年日本「**酒鬼薔薇聖鬥**[1]事件」的主角，那背負日本保守教條要求，以及滿載著父母過度期望的「少年A」（東真一郎，十四歲），其幼時不也是經常以虐殺動物的方式來發洩心中的鬱悶；稍長時，卻演變成以虐殺學童為快樂泉源的「惡魔」嗎？臺灣的「少年B」行徑，難道是日本「少年A」的翻版？

站在犯罪學者的立場，我並不贊成臺灣出版界一味仿效日本出版《絕歌》一書。為什麼？因為類此詳實地描述加害人內心，以及鉅細靡遺地講述殺人的伎倆的書，將可能提供部分人以極端行為（例如隨機殺人），做為不滿臺灣的對立、矛盾、衝突、憤恨等社會氛圍的抒壓管道。這些現象一般稱為犯罪學習、犯罪感染，我怕的就是這個。

二〇一六年三月二十八日發生在內湖的隨機殺人事件，一位天真無邪的四歲女童，在光天化日、母親陪伴在旁的極度平常的情況下，竟遭一名三十三歲的王姓嫌犯斷頭橫死街頭。經初步檢警犯罪偵查資料指出，王嫌具有精神極度不穩定的跡象，類似「少年A」的生活細瑣事件，也陸續出現。臺灣經歷了九件隨機殺人的肆虐之後，「重刑化」的聲潮不斷。個人以為，民眾過度依賴刑事司法的力道，並無益於改善現狀，因為他們是極少數「不知死」、「一味求死」、「享受死」等異於常人的「無理性」

1 分別代表了「酒精」（酒）、「死神」（鬼）、「玫瑰」（薔薇）、「聖徒」（聖）、「搏鬥」（斗）。

之人，「死刑」只是他們尋求「解脫」的方法之一。

因此，以過去發生的案例，藉諸文學之筆，從這本「絕歌：神戶連續兒童殺傷事件」，透過加害人「少年A」描述自己的細微生活點滴當中，能夠讓即將要結婚，或即將有孩子，甚或已為人之父母角色的人，都能從中體悟到適度的愛、教育、家庭對一個健全人格養成的重要性。看完這本書之後，我改變了過去反對出版類似此書的立場，因為這本書符合了我長年呼籲的一句口號：「犯罪預防，大家一起來！」

鄧煌發　謹誌於桃園龜山犯罪預防工作室

二〇一六年四月十八日

推薦序　為了不要再有少年A的絕歌

馬里蘭大學犯罪學博士　楊曙銘

十多年前，為了進行論文研究，我訪談了十六個少年殺人犯，在一次次的訪談中，探索事件發生時他們的心理狀況，以及家庭情形。絕大多數的少年是在打群架時犯下殺人罪，在同儕壓力下，集體鬥毆，若非警察找上門來，他們渾然不知自己已犯下殺人罪行。然而，在我訪談過的個案中，有很少數的少年，他們具有一些不同的特質；他們並非來自破碎家庭、也不屬於低學業成就、或是生長在弱勢家庭這些常被引用的高風險因子，而且他們在犯下殺人重罪時仍有自我意識，雖然多半是扭曲的。

這個差別絕對不是簡單的「邪惡」兩字可以概括。有更深層的因素，讓這些少年與周遭環境之間存在一層不容易交流的無形薄膜；也許，是同樣的原因，讓這些青少年犯下令人髮指的罪行。

從那時起，我便時時刻刻思索造成這種差異性的主要原因。每次聽到社會上有駭人聽聞的殺人案件，在哀傷之餘，我的思緒又會回到當初那些少年告訴我的生命故事中，想要找出一個解答，一個可以有效的防範類似事件發生的對策。

然而，這樣的事件仍然持續發生。閱聽媒體的強力放送，對細節多所渲染，造成人人自危；社會氛圍多半一面倒的支持「治亂世用重典」，相信極刑可以防止這種事情再度發生。

我抱著尋找答案的心情來讀《絕歌》，書中少年A說到被逮捕後的心情：「那時候的我，面對『生』毋寧比『死』更讓我畏懼千百倍。」

看著少年A的自白，對照著接觸過的少年殺人犯，我更確定極刑對這樣的犯人，沒有嚇阻的功效，也許反而可能是他們渴求的精神鴉片。

精神醫學專家 Dr. Stuart Brown 在研究許多犯下重大罪行的連續殺人犯時發現，這些殺人犯雖然家庭背景與社經地位不一，但是在幼年時期，都沒有機會與同儕一起「遊戲」，有些是因為家暴、有些是父母保護過度、家教甚嚴，因此被限制在家中不得外出。布朗博士強調，這些缺乏遊戲經驗的孩子無法建立與其他社會個體有效的溝通方式，也未曾因在不具惡意的打鬧中受到傷害（或是讓對方受傷害）而發展出同理心；也因此，長大後他們與外界無法在情感方面有效溝通，長期面對無法被理解（自己也缺乏理解他人的能力）的孤獨感，並傾向於建構出自己的安全世界。當離開家庭進入社會化情境時（例如學校），情感面的不成熟造成人際互動的困難，久而久之，自己所建構的世界被外界的刺激衝擊，平衡終究會崩毀。此時，如果本身又擁有優越的智能以及良好的運動能力，所造成的後果會更具破壞性，例如維吉尼亞理工學院的槍擊案件。

少年A的成長歷程也有類似之處，他的原生家庭看似完整，然而，幼年期間多半與溺愛他的外婆相處，這種予取予求的單向索討，並不能取代幼童所需的社交刺激，以及透過人際互動所得到的社會經驗。在人際關係疏離的現代社會中，直升機父母所拿走的也許不僅是孩子受傷冒險的機會，過度的保護可能反而造成孩子無法正確理解社會互動所需的有來有往，也讓孩子無法發展完整的同理心。

這世界上可能有許多潛在的「少年A」但不為人知，在預知犯罪記事之前，我們有沒有可能先從家庭方面著手，讓孩子有機會面對多元的人際刺激，進而發現這些哀鳴的靈魂，或許能減少一位少年A、少聽一次絕歌呢？

導讀

臺灣大學法律學院　李茂生教授

一九九七年五月，日本神戶市發生了令人咋舌的驚悚事件，有人將一位小學男童被切下並清理過的頭顱置於某中學的校門口，面向街道，頭顱的口中還塞了一張挑釁的字條。起初，警方還認為是患有精神疾病的成年人所為，不過經過抽絲剝繭的偵查後，發現這是起連續的殺傷國小幼童的事件，而犯人竟然是位十四歲的國中生。事件的經過如下：

一九九七年二月到五月間，日本神戶市須磨區發生了多起小學生遭刺傷以及殺害的事件（二死三傷）。其中一名女童「彩花」在校園廁所內被以鐵鎚攻擊顏面，受重傷，並於醫院內過世。另一名則是兇手所熟識的男童「淳」，他被帶到住家附近的山丘勒斃後，頭被割下來。數日後行為人寫了聲明，並將聲明置入署名為「酒鬼薔薇聖斗」的信封內，塞在被害男童頭顱的口中，本想將之懸掛於附近的國中校門口，因為掛不上去，只好置於門口。這個挑戰書上寫著：「遊戲就要開始了。各位愚蠢的警察，嘗試著來阻止我吧。就殺人這件事情，我感到非常愉快。好想看到人的死亡。用死亡來制裁骯髒的蔬菜吧，用流血來審判我經年累月的怨憤吧。——SHOOLL KILL 學校殺死之酒鬼薔薇。」用蔬菜來比喻人命，彰顯出對生命的蔑視，而錯誤的英文拼字也透露出犯人所受教育程度不高。但是內文的署名是「學校殺死の酒鬼薔薇」這個不成日文的日文，與其說是學校殺手，倒不如說，從日文將動詞放在最後的文法而言，這應該是殺死學校的酒鬼薔薇。

其後，因為媒體將酒鬼薔薇（さかきばら）誤讀為鬼薔薇（おにばら），所以犯人又向神戶新聞社寄出挑釁的信件。信中除了表達對媒體讀錯其名字的憤怒外，另外也批評了創造出他這種透明人的義務教育，他期待透過驚悚的殺人事件，至少在人們的幻想中可以成為實際存在的人。

同年六月少年A被捕，在少年觀護所經過精神鑑定後，認定其有性虐待傾向（sadism），且有人際溝通上的障礙，據此裁定將其移送到關東少年醫療輔育院接受治療，其後又將之移送到東北的中等少年輔育院（收容較年長少年犯罪者的輔育院），一直到二〇〇四年時，才停止執行感化教育，在附保護管束的條件下，回歸現實的社會。少年A當時已經二十一歲。數個月後，保護管束亦被免除。二〇〇五年一月一日，「少年A」以實名或假名重生。然而，事情並不是這麼單純。

事件發生的當年年尾，被害人之一彩花的母親寫了一本書「彩花——謝謝妳給予的生命力量」，書中道盡一位喪女的母親，如何從絕望中再度振作的辛酸，引起讀者極大的回應。隔年十二月為了回應讀者，又出版了第二本書，感謝女兒繼續遞活存在無數人的心中。同年九月，另一被害者的父親也出版了一本書「淳」，雖然書中談到了兒子的成長過程，以及事件發生後的驚慌等，但是更重要的是在談少年法中對於被害人家屬不公的規定。這三本書都成為暢銷書，讀者大都以正面的情緒，閱讀著這三本書。

然而，隔年，就在彩花的母親出版第二本書後不到半年，事件發生後兩年以來都沉默不語的少年A的父母親寫了一本「生下少年A——父母的悔恨手札」，書中詳細地記載了與少年A的生活以及事件前後少年A的情形。於書中並無法察覺到多少問題家庭的痕跡，反倒是呈現出一個正常且平凡家庭的氛圍。當時立即引發一陣恐慌，因為大家從來沒有想像過這類的家庭會教養出殺人惡魔，而且殺人的時候才十四歲。這本書出版後，至今暢銷五十萬冊，版稅七千萬日圓悉數捐給被害人家屬。

其後，雖然一些媒體還有在關注這個事件，但大體上而言，幾乎都已經沉寂。一直到事件發生十八年後，透過本書的出版，這種被壓抑下來的不滿與不安又再度攪翻了整個日本社會。此時，少年A已經三十三歲，不能再稱之為少年了。

本書初次印刷十萬冊，不久銷售一空，出版社立即加印了五萬冊。現在第三刷，共銷售了二十五萬冊。原先是另一家出版社找到少年A，並簽約書寫自傳，但是出版的預告才剛公布，就遭到各界的反對，不僅是被害人家屬，連該出版社所屬人氣作家也出面反對，並揚言如果出版則對出版社採取抵制態度。其後，又因出版社要求少年A必須以實名出版，且在書中應表達懺悔之意等事項，引發雙方間的爭執，進而合意解約，並轉由現在的出版社出版此書。

出書後數月，在日本媒體的不斷追索下，發現少年A在東京靠打零工過活，日本有名的雜誌《週刊文春》的記者並於東京某處拍下少年A的影像。據報導，他發現記者在拍照時還出言恐嚇說，你的名字和臉我都記住了。這個報導引起社會譁然。除此之外，少年A也設置了他自己的官網（http://www.sonzainotaerarenaitomeisa.biz/），刊登了書籍訊息與一些隨筆、圖片，被認為是想替《絕歌》一書打廣告。不久，日本的另一個雜誌《週刊 Post》刊登訊息，除揭露其真名外，還刊載了其犯案當年的大頭照。

至此，當年案發時尚且存在的另一種聲音，亦即認為升學壓力、學歷菁英主義、教養方式、媒體渲染惡習等是造成悲劇的主因之見解，幾乎都已經銷聲匿跡。整個日本社會罵聲一遍，但是奇妙的是縱然許多人一開始就拒絕購買此書，卻有更多人購買閱讀後，再開罵。書籍銷售長紅，少年A版稅收入益豐。未得受害人家屬的同意，就擅自消費被害人及其家屬，而且狂賺版稅估計一千五百萬至兩千萬日圓，至今仍沒有將這筆錢交給被害人家屬當成賠償金或予以信託（少年A背負了上億日圓的民事損害賠償責任），這些都受到眾多的批判。為抵制此事，媒體開始報導少年A違法擁有兩本護照，想利用版稅逃往國外等無法證實的事情，但此又刺激了買氣。

到底本書有多大的魅力？其中的論述是否消費了被害人以及其家屬？排除掉激情，本書到底替我們帶來怎樣的訊息？這些都是讀者除了獵奇以外，必須去深思的事情。

本書共分成兩部分，第一部描述了少年A的時代，重點置於其成長、犯行至審判的過程。姑不論此一部分是否為自我脫罪的藉口，也不去讚嘆其文筆的優美，只要不被殺貓的那一段敘述弄到噁心而無法繼續閱讀，讀者應該可以察覺少年A心中的矛盾與衝突。將自己關在一個小領域內，而這個領域本來是個不讓別人侵犯也不侵犯別人的聖域，然而突然間在祖母去世時，奇妙地變成性與死亡的連結，少年A開始步入沉溺於死與性欲的扭曲心理境界。或許是因為效果遞減的關係，少年A從殺害動物發展到殺人，這點尚能夠理解。然而針對被害人中唯一的男性學童的案件時，則應該不是這麼「單純」。

除了死亡與性欲的扭曲連結外，熟識的男童或許因為是發育遲緩兒，清純到不受世俗的任何汙染，所以才會被少年A當成絕對不允許他人侵犯的聖域。但是同時少年A又在聖域中看到了醜惡的自我，所以他才會以殺害男童來排除自我毀滅聖域的可能性，並且在男童頭顱的眼睛部位，用刀割出X字型的傷痕。這不外是在男童的眼睛的反射中，少年A看到了自我的邪惡，並想以否定的方式否定自我的宣示。聖域代表了不得侵犯的意涵，而侵犯聖域的竟然就是自己。殺死男童，並對其頭顱自慰，這顯然是個性倒錯的顯現，但是除此之外，難道沒有其他的意涵？殺死小女孩與殺死小男孩之間有所差異。雖然少年A仍舊對於殺害男童的事情不願意多說，但是想把映照在小男孩眼中邪惡的自己殺掉的描述，應該不是一個單純的辯解，而是另有其他的意涵。否則，為何少年A在本書中，幾乎沒有就另一女童彩花殺害事件多做論述的理由，即令人費解。

如果能夠理解到整個事件中，男童淳君所代表的意義，或許就更加能夠理解本書後半部的意義。雖然許多日本的讀者都認為本書的後半段是個非常自私的表述，充滿著自我感覺良好的期待，但是去除掉先入為主的想像，或許更能理解去除掉少年A的標籤，以另一個身分重返社會時，聖域的解除與人際關係重建間的相當關係。從一個透明人，重新創造人際關係間的實體的努力，已經在本書的後半部充分地表達出來了。而對於本書出版後本人不斷挑釁社會大眾的舉動，也應該可以從捍衛實體人際關係的角度來加以審視。

日本著名的精神科醫師片田珠美（《無差別殺人的精神分析》這本暢銷書的作者）說少年A是個典型的性倒錯患者（性虐待狂），這類的病患有時會因為性幻想而做出殺人的行為，如果不想要讓奇妙的性幻想化為實際上的行動，那麼繼續不斷地書寫，把心中的特異性幻想用文字發洩出來，或許就是讓他們不把幻想化為行動的良方。可惜的是，在一陣騷動與謾罵後，少年A又開始銷聲匿跡。

我覺得不僅是日本的民眾，包含與此事件毫無關連的臺灣讀者，應該有個正面思考的態度來接觸這本書，並理解到一件非常重要的事情。我們雖然無法確切地定義何謂正常的人際關係，但是必須理解當一個人將自己鎖進別人的眼光會直接穿透肉體，且被絕對地忽視的純粹透明的世界時，是件何等悲哀的事情？任何想要把自己的透明性解消掉，同時回歸社會實體人際關係的努力，是多麼地值得我們容忍與贊同。

《絕歌》這個書名到底傳達出怎樣的訊息；絕情之歌、絕望之歌？還是與過去斷絕之歌？這些都留待讀者自行解讀。

こうべ
れんぞく
じどうさっしょう
じけん

失去名字那一天

一九九七年六月二十八日。

我，從此不再是我。

那是我從光明世界被永遠放逐的那一天。

所有原本生活中，尋常無奇的一件件瑣碎小事忽然間都蒙上了一層莫名象徵的那一天。

「少年A」——成了我的代名詞。

我不再是一個有血有肉的人，我成為一個無機的「符號」。一個被大多數人當成「少年犯罪」的代表符號，一個跟大家住在不同世界裡、沒有一絲一毫人類情感，古怪又令人毛骨悚然的「怪胎」符號。不管好或壞，我沒有任何地方比別人突出。我從來沒想到過自己會變成什麼東西的象徵。

請回想一下您國中時的同班同學，您一開始會想起誰？是不是那個成績優秀、運動萬能而且長相也很受老天爺眷顧的班長？

第二個會想起誰？是那個天生好笑、說話風趣總是帶動現場氣氛的活寶？

第三個呢？是那個染了頭髮、叼根菸、一天到晚鬧事，有時好像咬到嘴唇一樣露出一臉俏皮笑容的同學吧？

大家都到齊了。好了，現在請您再把眼睛轉向教室的角落去。看，那裡不是還有一個人？一個您連名字跟長相都忘了的人。您根本也忘了曾經跟他同班過吧？

不會念書、不會運動，也不太能跟別人好好講上幾句話。走進教室時沒有人會看他，在走廊上跟他擦撞時沒有人會回頭。沒有人會叫他的名字。他在或不在都沒有人會在乎。那個人就是我。

這樣一個無論在任何學校、任何班級裡一定都會出現幾個的屬於校園階層裡頭最底層的「無臉人」，從那一天起，成了少年犯罪的「象徵」。

清晨，我感覺有人搖晃我的肩膀，睜開了眼睛。惺忪的睡眼裡，映入了父親的臉。

「警察來了。說什麼有事情要問你……」

父親說。他看起來好像還沒有搞清楚發生什麼事，一臉疑惑。

我什麼話也沒說，默默把枕頭旁堆成要塞一樣的小狗、鴨子、哥吉拉、鱷魚之類的玩偶推倒，從棉被裡爬出來。慢吞吞穿上牛仔褲跟棉質運動上衣後，從二樓走下一樓。玄關裡站了兩位刑警。一個禿頭有啤酒肚，一個一眼看來就是個柔道練家子，耳殼變形、體格壯碩。

「我們有事想問你，跟我們來一趟吧？」

禿頭的刑警這麼說。他臉上露出和善的笑容，眼神卻像獵人瞄準獵物一樣凌厲地盯著我。我默默點了頭。

走出家門時，我沒有看父親的臉。母親當時在後頭，不在旁邊。

現在回想起來，如果我當時能看一眼父親的臉就好了。叫母親來，也看一下她的臉。我想用這雙眼睛牢牢記住，他們把我當成不成才的「自己的孩子」看的最後瞬間，不是「殺人犯」也不是「怪物」。如果當時我能把亂長的頭髮撥一撥，抬頭看看天空就好了，因為在那之後，我好幾年都待在不見天空的房間裡……

可是我卻只是一如往常地低著頭。我不想看任何人，也不想被任何人看。

就這樣，我從家人面前、從光明的世界消失了。

之後，我的時間便靜止在十四歲。

抵達成立了土師淳君殺害、棄屍事件搜查本部的須磨警署後，先進行了簡單的搜身，接著便把我帶去偵訊室。那裡已經有兩位刑警等著。一個大塊頭的刑警大開雙腿，站在室內正中央，雙手插在口袋裡。一頭捲毛夾雜著白髮，鷹勾鼻，眼神像猛禽般銳利，稍黑的膚色透露出他年輕時曾在許多現場衝鋒陷陣過。

另一個站在旁邊的刑警頭髮抹了髮油，側分。眼鏡後有雙瞇瞇眼，穿件邋遢的襯衫。

啪嗒一聲，偵訊室的門闔上。

「坐那裡！」

刑警指著椅子。我一坐下來，他便隔著桌子坐在我對面。另一位刑警站在門口。桌上擺著厚厚一疊檔案。

刑警直勾勾地盯著我的雙眼質問：

「你知道淳君的事吧？」

「我在電視上看到過。」

「三月時不是還有另一個小女生被打死嗎？那是你幹的吧？」

「什麼？」

我故意裝傻。

「同一天不是也有個小孩子被刺傷嗎？我們給她看了你照片，她說就是你。你忘啦？」

「我不知道耶。」

他一邊問，一邊探身往前盯著我的眼睛。

「真罕見哪～難得有人說謊，臉上居然都看不出來。難怪大家都被你騙了。淳君的事要怎麼說？有人說看見你跟他走在一起唷。」

「淳君是我弟的朋友。有時候會來我家玩。可是我們從來沒有兩個人單獨玩過。看錯了吧？」

就這樣問問答答之間，我心底開始受不了。

——好想馬上認罪。最好趕快把我送上死刑臺，結束這一切。

那時候的我，已經不能控制我自己了，所以只能寄望有誰能來阻止我。

「啊——我累了耶，有沒有什麼物理證據啊？」

聽我這麼一說，刑警馬上發飆。

「你這個小孩子不要隨便看不起警察！我們沒有什麼證據還可以把你拉到這邊來啊！」

他怒吼著兩手按著桌面猛然站起，拿起放在一旁的厚檔案夾在我面前拍打。打開檔案，他一邊啪啪地翻頁給我看，一邊逼問。

「這是你在學校寫的所有作文！我們找專家鑑定過筆跡了，跟寄到神戶新聞的聲明文百分之百出自同一個人之手！怎麼樣，該認了吧！」

眼前的確是一堆我從前寫的作文跟送到神戶新聞社的犯罪聲明文的彩色影本。忽然被攤出了小學時寫的作文跟犯罪聲明文，宣稱「筆跡鑑定一致」，實在很難不相信。

——終於被找到證據了。結束了。終於可以結束了。

我心裡這麼想，可是並沒有馬上認罪，反而還使盡全身力量惡狠狠瞪著那個刑警。我心裡一邊想被逼到極點，一邊也想頑抗到最後一秒鐘。因為除了那以外，我已經沒有任何要拚命的事了。

後來那刑警被叫去**家裁**[2]召開的審判時，提到他當時看見我的眼神心裡一寒。我雖然不知道自己當時瞪他的眼神到底怎麼樣，不過大概很恐怖。

我一邊瞪著他，腦中忽然閃過了母親的臉。

如果就這樣一直不講話，他們最後會放我回家嗎？回家後，要怎麼跟母親解釋？又要對她說謊了，又要再騙她。她一定會完全相信我的話，一點也不懷疑吧。我就是受不了這樣。

就那樣瞪著那刑警好一會兒後，淚水忽然抑制不住地冒了出來。

——我怎麼能承認？我怎麼可以輸？

2　家庭裁判所（Family Court），為日本法務機構，負責家庭事務及少年事件之調停、審理與裁判。

——我想認了。我想讓一切都結束了。

兩種完全相反的情緒從腳底緩緩襲上，像油跟水般彼此不容卻又強勁攪拌在一起，沿著膝蓋、腰、胸、肩一路往上，終於到達了下眼瞼溢了出來。

這麼一來就結束了。已經不會再有人受傷害了。

「是我幹的。」

我開始自白。

刑警先問我事件時用的凶器在哪裡。我回答犯案用的凶器已經全部丟進附近一個叫作向畑池的蓄水池裡，剩下的刀子跟榔頭等等則藏在我房間裡。我在他們遞給我的A4紙上畫下我房間的草圖，向他們說明什麼東西藏在哪裡。

刑警一邊做筆錄，一邊用手機連絡在我家待機的警官，在取得我口供的同時也進行家宅搜索。刀子、榔頭、裝在玻璃瓶裡泡過鹽水的貓舌、從附近工地偷來的攜帶式釘槍還有我的「犯案筆記」，所有我的邪惡寶物統統都被扣押了。

這些結束後，接下來便是訊問我，發生土師淳殺害、棄屍事件的五月二十四日那天我的行動。

警方偵訊告一段落後，我被帶到了別的房間。等了一會兒後，這次進來了一個檢察官跟一個檢察事務官，所有刑警全都離開。

檢察官是個中年矮胖的人。事務官大約三十五歲左右。高䠷，雖然沒有檢察官那麼嚴重，不過也有點肥滿。

胖檢察官在我面前噗通一屁股坐下，開始講話。

「呃——現在我們要錄口供，不是你做的話就不要招，你只要實話實說就好了。」口氣聽起來很親切。我點點頭，把剛剛跟刑警講的話又跟他說了一遍。

高個子的事務官在房間一角的小桌子上打開了手提電腦，以跟我說話速度等速地把我講的話打進了電腦。他稍微屈身向前，喀喀答答一直打。

「好了，今天就先到這裡。我們明天還會來，你今天好好休息喔。」

胖檢察官這麼說完後，跟高䠷的事務官說了聲「走吧」，就走了出去。

兩個人走了後，等在外頭的剛才那些刑警又進來了。我跟他問了一件在意的事。

「什麼時候執行死刑？」

刑警笑著回答：

「死刑？你在說什麼啊？你才幾歲呀！不會被判死啦。你小小年紀幹出那種事，腦筋好、膽量也夠，好好念書吧，從頭來過。明天起要正式調查了，什麼事都要全部講出來你才會輕鬆一點。我會救你的。」

我腦海裡一片空白。

救？

說什麼呀，這歐吉桑？

我心裡真正的救贖就是「死刑」。無法按下重來鍵的生死遊戲。輸了就是絞刑。我要嘗到跟被我痛下殺手的淳君一樣的痛苦而死。這是我在心裡唯一預設好的下場。

就像油膩膩的碗盤上滴下了一滴洗碗精，恐懼感轟然擴散開來，竄遍全身。

那時候的我，「生」毋寧比「死」更令我畏懼千百倍。

夜泣

被調到拘留所後，我先在入所處量了身高體重，所有品也被做成了清單。家人已經幫我送來了一週份的換洗衣物。在那樣的情況下還跟家人保持著連結，無疑令我非常痛苦。

我在持有物品清單上簽完名後，便被帶到單人房。單人房大約有六疊榻榻米那麼大，角落用牆圍成廁所，為了方便監看，牆上挖了個六十公分平方的洞口，嵌上了壓克力板。挑高的天花板正中央裝了監視器，單人房門口也擺了摺疊椅，有拘留所的監看人員二十四小時監視。

從那一天起，我就開始了「夜泣」。晚上一鑽進棉被裡，眼淚就開始止不住。我看著上方，繃緊身體咬緊牙關，然而眼淚卻像從壞掉的水龍頭流出的水滴一樣，一滴、兩滴，滑過太陽穴旁流向枕頭。

現在網路上還能隨便找到我十四歲時的照片。從那面無表情像戴了面具一樣的臉上，可能很難想像我哭泣的樣子。

事實上，我也很少哭。不是為了要「像個男子漢」。我只是不太會把任何情緒表現出來。這可能是我從小給自己培養起的自我防衛技巧。

我是變不成蝸牛，沒有殼能保護自己的蛞蝓。所以我必須在自己身體裡打造出一個自我防衛的殼。當我一察覺危險，便逃進自己打造起來的那個厚殼裡。我不再把悲傷、憤怒等等的情緒直接表現出來，當我越緊張，我已經習慣表現得越沉穩。

但那天晚上，眼淚卻像斷掉的串珠一樣，一顆接一顆怎麼也止不住。

也許是我受不了痛苦吧。「察覺不到痛苦的痛苦」。生而為人卻無從感受的痛苦。

我對於殺了人卻沒有任何感覺的自己，感到恐怖得無以復加。

就像士兵在戰爭中失去了手腕後，仍會感到早已不存在的手腕還是會痛的「幻肢痛」一樣，也許我在引發事件時早已粉零粫碎的「人性」的一部分，也在跟我訴說它的痛苦？

我犯下一件又一件罪行，同時也感受到人性的感覺慢慢從自己體內流失。就像被針刺破了一個洞的腳踏車輪胎一樣，空氣慢慢流出去，輪胎慢慢萎縮。我那顆失去了彈性的心，不管發生什麼事、不管再怎麼叫它，也不會再有反應了。

我被全世界拒絕了。

那時候我是真的那麼想。當我看見紋白蝶像個勤勞的郵差一樣在花朵跟花朵之間熱情地傳遞花粉，當我看見像用壓克力顏料塗抹出來的萬里晴空、上頭像用和紙撕下貼上的薄透白雲，我覺得一切東西都看不起我。我恨透了所有美好的事物。我想把眼睛所見的美好一切全都毀得亂七八糟。這世界上所有美好的一切，都只讓我覺得是對我這個醜惡又骯髒的人所做的嘲諷。

我病了。病得很嚴重。不是「是不是精神病」那種程度的問題，而是「人性本質」有病。

隔天起，開始進入正式偵訊。白天我淡淡地自白自己所犯下的地獄般的犯行細節，晚上鑽進被窩後，便開始像進行儀式一樣哭。過了兩三天，眼睛旁的皮膚已經紅腫破皮，刺刺地發疼。

生存的希望

拘留所的單人房裡沒有洗手檯。早上跟傍晚，會在指定時間打開房門，讓我出去單人房右邊的洗手檯，在感覺得到背後監看人員的視線下，十五分鐘內洗完臉、刷完牙。

當初我犯下一連串罪行時，很害怕照鏡子。我可能出現了精神醫學上所謂的「畸形恐懼症」吧。每當我看到鏡子的時候，就覺得鏡中的自己好像《終極戰士》裡的怪物一樣，嘴角大大裂開，牙齒剝露出來變成醜惡的怪物。也許我的攻擊性跟我在無意識之間對於自己的厭惡感跟罪惡感化成了視覺，就那樣出現在鏡中吧。這種症狀在我被關在拘留所的時候仍然繼續。

我盡量不看鏡子，趕快刷完牙、洗完臉，回去單人房。每星期有兩次洗澡時間，他們給我電動刮鬍刀跟鏡子，但我說「不用」，結果胎毛般又細又軟的鬍鬚長得亂七八糟。

午飯後有運動時間。不管你要不要，都會被半強迫地押去運動間。運動間比單人房稍大一點，大約十疊榻榻米左右，牆壁跟地板都是混凝土。牆壁大概有兩公尺高，開放的上空鋪了網子以免人犯脫逃。

就算他們把我帶去運動間，我還是一逕躲在沒有陽光的角落，每次都蹲下來抱著膝蓋，感覺我這個人身上馬上就會長出香菇一樣，全身散發出陰溼的氣息。

一位年紀大的警官看不下去說：

「喂，你做一下體操吧。來，站起來！」

說著便拉起我的手，把我拉起來。那個警官大約五十歲左右，紅褐色的皮膚，高隆的眉骨跟骨溜溜的大眼珠。一頭白髮像獨角獸一樣，前頭梳得尖尖的。

我突然被拉起來，頭一暈馬上又軟趴趴地靠著牆壁動也不動。

「你看吧，你就是完全不動，身體才會變這樣。」

他說著又要拉起我的手。這一次我把他的手揮開，靠著牆壁咕溜溜地又蹲了下去。獨角獸手扠腰，「哎～」地長長嘆了一口氣，蹲下來看著我的眼睛，頭上的角好像快碰到我額頭那麼近。

「你聽我說，孩子，我不知道你是怎麼想的，不過我跟偵訊官不一樣。我不是要來懲罰你的，我是負責照顧你的。你身體這樣我很擔心耶。聽話好不好？你現在在這裡可能還無所謂，可是之後你要是繼續這樣固執下去，會很辛苦喔。」

「……」

沒反應。不知道獨角獸是不是放棄了，他站起來回去運動間門口，雙手扠腰一副「沒辦法」的樣子。

他好像很在意我的事。我一整天都靠著牆壁坐在地上，有一次他說：

「有時候也會想吃甜的吧？」

說完遞給我蘋果。

「我討厭水果。」

我毫不留情地拒絕。他沒受到教訓，下一次又拿了點心零食來。我繼續不理他。

「我放在這裡唷。要吃就吃吧。」

說完把零食從洞口遞進房裡。但我連一次也沒動他給我的東西。

他跟其他三名警官二十四小時輪流監視我。大概因為事件重大，而且我還是個少年，如果在那裡自殺了，他們就麻煩了吧。

一個光頭警官大概三十歲左右，整個人就像漫畫裡典型的「關西人」形象，他可能一整天坐在單人房前的摺疊椅上很無聊吧，好像快從椅子上掉下來了。兩腿往前伸，一點也不在乎幾乎跟牆壁融為一體的我什麼反應也沒有，自己一個人拚命用關西腔講他看的電影、小鋼珠還有他女朋友的事。

另一個二十五歲左右的小個子警官，一直挺直腰桿坐在摺疊椅上一動也不動很緊張地看著這邊。

另一個三十五歲左右瘦瘦高高的警官，常常坐在椅子上打盹。一聽見其他房門開關的聲音就會醒來，好像被老師注意的國中生一樣，擰著一張臉重新在椅子上深深坐好。

另一個二十出頭，看起來應該很受女孩子歡迎的輪廓很深、相貌端整的混血兒臉孔，總是優雅地交叉一雙修長的腿，雙手輕輕交疊在膝上，看來他很清楚什麼樣的姿勢最適合自己。每次他一發現我要去上廁所，不曉得是不是顧慮我，總是起身不知道走到哪裡去。

他們都對我很親切。但他們的親切對我來講卻只是「屈辱」。

我想要的是被憎恨、被痛罵、被傷害、被恐懼。可是他們那樣是怎樣？旁人的善意只是讓我心煩而已。我連別人的體貼都覺得很不愉快。什麼我的身體怎麼樣、接下來怎麼樣，我打從骨子裡覺得無所謂。我除了別人對我的惡意以外，無從丈量自己的存在。

別人拒絕我、否定我，我才覺得自己的醜惡受到了肯定、獲得了接納。只有被別人痛罵、侮辱，我才能感覺自己得到淨化。

我完全不知道棒球選手的名字、也不知道任何電視明星的名字。那時候我心目中的明星就是**傑佛瑞・丹墨**[3]、**泰德・邦迪**[4]、**安德烈・齊卡提洛**[5]、**艾德蒙・肯伯**[6]、**約翰・韋恩・蓋西**[7]……。

全是一些轟動全球的連續殺人狂。我也跟上了電影《沉默的羔羊》上映後在九〇年代掀起的「連續殺人狂熱潮」，沉迷於翻閱朋友家裡的一整套《謀殺案週刊》、陳列在書局裡的**羅伯特・K・雷斯勒**[8]、**科林・威森**[9]撰寫的異常犯罪心理相關書籍。

就像班上男同學把喜歡的偶像資料背下來一樣，我也一頭栽進了每個各有特色的殺人狂在少年時期的心理創傷、犯罪手法、屍體處理方式、被逮捕的原因、審判經過等等。當班上的女同學幻想過好幾種跟傑尼斯偶像約會的行程時，我也幻想了好幾種不同的殺人手法。

3 Jeffrey Damer，一九六〇—一九九四。
4 Ted Bundy，一九四六—一九八九。
5 Andrei R. Chikatilo，一九三六—一九九四。
6 Edmund E. Kemper，一九四八—。
7 John Wayne Gacy，一九四二—一九九四。
8 Robert K. Ressler，一九三七—二〇一三，美國前FBI調查員。
9 Colin Wilson，一九三一—二〇一三，英國作家。

就像我同學他們幻想自己變成明星或運動選手一樣，我也幻想自己會變成「殺人界的魔幻兒」。我要像他們那樣，被大家害怕，我要被喚作怪物。

被叫作「怪物」、被更多人討厭、否定與拒絕，才是我唯一的願望、我的自傲、我生存的希望。

水池

七月十一日。

我搭上警方的小巴士，去行凶現場「水槽山」跟丟棄所有犯案凶器的向畑池進行現場勘驗。

向畑池的水已經被放光了，裡頭的螯蝦、蝌蚪、牛蛙、草龜跟鯽魚全擠在一起。這些跟我一樣除了這個池子外無處可去的泡在汙水裡的無數生物……。當我看見那幅光景時，不由得把自己跟這些被奪走了最後「生存場所」的可憐生物重疊在一起，悲不自勝。結果我那天勘驗時什麼話也說不出來。刑警對我一直面無表情保持沉默的態度也很抓狂。

「你那什麼態度啊！算了算了！回去關啦！你好好反省一下自己的行為！」

我被送回了單人房，那天沒有再踏出房門。

我靠著冰冷的牆壁、腳往前伸，回想起一個人在水槽山、向畑池、入角池畔抽著最喜歡的紅萬寶（紅色萬寶路），一遍又一遍聽著松任谷由實〈砂之惑星〉的恬淡時光。沒人可以進入的、只屬於我自己的聖域。不屬於這世上任何地方的我所唯一擁有的場所。聖域被人入侵了，雖然被入侵了但我卻無能為力。我對自己感到一股無以排遣的抑鬱。

對我來講那池子到底算什麼呢？為什麼我要特意把犯案用的刀子、榔頭、鋸子等等的凶器全部丟進池子裡？感覺就像在託付池子什麼事情一樣……。

池子的旁邊就是公園，附近也有人家，絕不是沒有人會看到的地方。我想我心底一定有「什麼」被連結了起來。一連串的事件，跟被這池子喚醒的我心中的「什麼」。

小學時，我常跟朋友跑去向畑池抓螯蝦。只要把竹輪切片綁在細線上，放進池子裡就可以噗嚕嚕地一直釣，一隻接著一隻，多到讓人發笑。說到「少年A」，大家的印象好像都是不講話、沒什麼朋友，成天躲在家裡的內向鬼，可是其實我比較喜歡在外面跟朋友野，不喜歡在家裡看書、玩電動。我差不多每天都在附近公園跟好幾個朋友一起踢罐子、抓鬼，玩到日頭西下時，大家就爬到攀登架上去看夕陽。

可以看夕陽的時間很短。溫柔的夜幕很快就輕輕掩上了像座紙模型一樣的友丘[10]街頭。像母親輕輕把被子蓋在快進入夢鄉的孩子身上。夜，像漲潮般一下子便湧了上來。

我小時候很怕黑。感覺好像一個人如果被那樣的黑暗淹沒，就再也回不了家了。我在黃昏的公園跟朋友說完再見後，便一個勁兒地衝回母親等候的家裡。那孩提的自己。合作社前的馬路。總是等紅綠燈變換等得好心焦，一次、兩次拚命按下步行按鈕。一看到變成了綠燈，就趕快衝出去。跑得氣喘吁吁、一直看著前方衝上了斜坡、又衝下了斜坡。一看見家裡的亮光，便安心得泫然欲泣，兩步併作一步地跳下通往玄關的石階，伸手去拉門把。門總是沒鎖。我一脫鞋，便會聽到母親的聲音說：「回來啦？」就只這麼一句話，方才的恐怖便煙消雲散得好像假的一樣。即使是不久後被人叫作「怪物」的我，也曾經有過那樣的年紀。

友丘上散布了一些集合住宅，依場所用英文字母分成了A棟、B棟、C棟……，我的活動範圍甚至還到達I棟。

從小學入學起就跟我很好的阿波羅，他家住在離我家走路大約十五分鐘的集合住宅裡。我們常去對方家玩，一起畫漫畫、一起玩遊戲。

阿波羅教過我怎麼吹直笛。我不會吹巴洛克直笛、也不會吹高音直笛，每次上音樂課要吹直笛時，我就用手指頭做個樣子，不吹出聲音混過去。有一次我跟阿波羅坦承後他說：「那我教你！」放學後我們就在附近公園進行祕密特訓。不過雖然有阿波羅教我，到最後我還是不會吹。

公園的杜鵑花叢是我跟阿波羅的「祕密基地」。我們把紙箱鋪在地上，躺在上面摘花，吸食雌蕊後面的蜜。那蜜不同於零食的甜，是種清爽的甜味。我想小時候大家應該都做過這種事吧。

我跟阿波羅都很喜歡搞笑團體「Down Town」。我們常錄下他們的節目，一起看。Down Town 是關西地區小朋友的英雄。每次播完《Down Town 一級棒》的隔天，大家都會鬧成一團模仿他們搞笑。

我不知道其他同學怎麼看待 Down Town 這個團體，不過我想，我之所以那麼被他們吸引，大概是因為雖然年紀還小，我也在松本人志那充滿了破壞又厭世的「搞笑」底層，隱隱約約感受到了一種身而為人必有的「生之哀愁」吧。看著他像一個被逼到走投無路的人，乾脆豁了出去「笑吧！」漲紅著一張臉，半是死心斷念地劈里啪啦大

10 譯註：事發時少年A所居住的地區名稱。

搞笑，他那樣子總有種刻意、有種辛酸。每次看完他搞笑，我大爆笑完後不知道為什麼總會被一股無處排遣的空虛襲擊。

阿波羅的父母親已經離婚了，他跟著父親還有年長很多、已經在念大學的哥哥三人同住。阿波羅的父親是建設工地的工人，晒得黝黑，身材高䠷，全身都是肌肉。

他爸爸會家暴。有一次，臉上瘀青的阿波羅嘆氣對我說，

「昨天我被我爸掐脖子耶。真的，我還以為我要被殺了。」

阿波羅的父親對他家暴的隔天早上，好像一定會在他桌上放一張千圓鈔。那大概是身為父親的「對不起」吧。

阿波羅的母親有時候會去他住的集合住宅找他。有一天我去找阿波羅時，他媽也在，做了菜給我們吃。她做了高麗菜捲、甜點還有巧克力慕斯，都很好吃。

阿波羅的母親瘦瘦高高，一頭褐色長髮微微燙捲，是個眼睛細長的和風美人，紅色口紅很襯她白皙的肌膚。阿波羅嘴裡咬著高麗菜捲，很開心地跟他母親說學校裡發生的事還有我們平常都玩些什麼。他母親嘴角漾著溫柔的笑，聽他說話。

不過這種「**伴我同行**[11]」的時光並沒有維持很久。學年往上升後，班級換了，一起玩的臉孔也變了。阿波羅雖然有點愛跟人唱反調，不過基本上他性格開朗、善於社交，男生女生都很喜歡他，老師也很疼他。他一直都是團體的中心。

阿波羅交了很多新朋友，不過他還是繼續叫我的綽號「**阿祖基**[12]」，時常來找我打屁。「阿祖基」這綽號來自於我姓氏的諧音。看著阿波羅身邊的朋友越來越多，我覺得他好像去了很遠的地方。他所在的那個充滿光亮之處，並不屬於我。我沒有辦法那樣放鬆而無防備地笑。

我用眼角瞄著一步步踩上大人階梯的同學，自己一個人像退回什麼也不用想就每天都很快樂的那段時期的回憶裡，一個人沉浸在水槽山、向畑池跟入角池的天地間。

各自的儀式

事件當時，我時常一個人帶著CD隨身聽跟紅色萬寶路到水槽山、向畑池跟入角池散步。這三個地方在我心底相當於「三大聖地」。在這幾個地方，美的事物就是美的事物，毫無保留地被接受。

11 stand by me，這裡指的是一九八六年改編自史蒂芬·金原著的電影。

12 原文作「アズキ」，即「紅豆」的意思。

雨過天青的水槽山美得極為壯麗。吸過雨水飽含溼氣的褐色腐葉土把從雲間傾瀉而下的陽光瀑布撥射到四處，讓周圍全像鑲嵌上小鑽石一樣地閃耀，愛撫我的視網膜。向畑池的水面被微風輕吹得微微痙攣，陽光從圍繞在池子四周的樹木葉縫中竄下，爭先恐後地淘氣嬉泳。光帶如幻，搖搖盪盪。

一到了夏天，大量出現的牛蛙蝌蚪把整個池面都給覆蓋了。在夏陽的照射下，亮煥煥擺動尾巴在水裡蠢動的無數黃金小球，好像被太陽放射出來的精子一樣。我不斷幻想，其中有隻精子潛下了池底深處，而最後，這神祕的池塘便會懷上一個巨大的光胎。

我獨自站在池畔，窺看這天地之間的祕密房事，像偷看父母的臥室一樣心懷罪惡，可以恍惚地一連看上好幾小時也不膩。

向畑池的旁邊是公園。公園角落裡有個圓形廣場，廣場南邊的角落裡有張方桌，圍著桌子擺了四張圓柱形的混凝土椅子。那前面的陡丘會通往圍繞著入角池的森林。那邊是這個**新城**[13]的端點，也是十四歲的我，世界的邊陲。我好喜歡從那裡看見的景色。

那光看便害人眼底快要抽筋的白銀般的立體太陽，把在它底下游泳的雲的魚群，用光戟刺成了串。逆光陰翳的森林四處裡，懸掛下好些光梯。狂誕的餤陽染亮的天空帶上了鋁箔紙般的金屬光澤，壓迫我的視神經。在森林彼方蔓延開來的明石海峽，像晃動著搖籃般撫慰墜落的日光嬰兒，遠處，濛濛可見淡路島的輪廓有如蜃樓一般。

這恬靜得彷彿連一隻蟲都沒有的新城，跟鬱鬱蒼蒼保留了原始森林記憶的入角池形成了強烈對比，彷彿就像我這人無機質的外表跟潛藏在我身體裡的獸性一樣，投影出來成了反差的風景。我這有如《化身博士》裡的雙重人格——「傑奇」跟「海德」般水火不容卻又並存的兩種極端的雙面性，搞不好就是被這新城毫不協調但又比鄰而居的「人工」與「自然」的獨特地貌給造就出來的。

入角池畔有棵大樹，樹根的地方空了一個很大的長得很像女性性器的大洞。樹幹則斜斜伸向池面，越往頂端越粗，不自然的形狀很像男性性器。男性性器與女性性器。亞當（Adam）與夏娃（Eve）。於是我玩弄自己擅長的字詞重組，擅自把這棵樹取名為「Aedavam／生命之樹」。

躺在生命之樹伸往水面的粗闊樹幹上，我用CD隨身聽一遍又一遍重播松任谷由實的〈砂之惑星〉，悠閒地叼著我那時候的「主食」紅萬寶，那對我而言是無上幸福的

13　ニュータウン，即 newtown，指友丘這個新開發的集合住宅。

時刻。

噢漂盪吧……在我海的……波浪間
就像哭個不停的……剛出生的……孩子

——松任谷由實〈砂之惑星〉

我那時候完全沒去想過自己為什麼會那麼喜歡那首歌，但引起共鳴的事物必定有其引發共鳴的原因。我不知道松任谷由實是在想著什麼的心情下創作了這首歌，但現在冷靜傾聽，發現歌詞跟曲調裡都透露出了幾乎可以說是過剩的「母性」。也許沒生養小孩的松任谷由實，是一邊想像著孩子、一邊創作。也許，她創作的時候想著她母親。

我們每個人的心底都潛藏著「子宮回歸願望」。鑽進被窩裡感覺好安心、泡進浴缸裡感覺好舒服。大家都在無意識之間，想回去那個好像很舒服的母親子宮，不是嗎？「池塘」於我便是「母胎的象徵」，而松任谷由實的〈砂之惑星〉則是胎兒時期聽見的母親心跳。每當我在池畔聽著〈砂之惑星〉，就感覺自己好像回到了母親的子宮一樣感到無比安心。

我把淳君遺體的一部分藏在了生命之樹根部的洞裡一晚。

現在想想那實在是很費解的行為。雖然我在偵訊時供稱「想在沒人看見的地方好好欣賞」，但從殺害現場水槽山到入角池，其實要先下山，在一般馬路上走。當時事件雖然還沒被揭發，但已經公開搜索了，路上到處都是警察、機動隊、PTA[14]還有學校相關人士在尋找「失蹤」的淳君。事實上，當我把一部分遺體從水槽山拿去入角池的路上，就在圍繞池塘的雜樹林裡遇見了三個機動隊的人，而且還講了話。即使是無意識的行為，為什麼我一定要去生命之樹的洞口呢？我有我不得不這麼做的原因。

同時展現了女性性器與男性性器的生命之樹，對我而言正是「生命的起源」。我把一部分遺體藏在這個象徵生命起源的樹木根部洞內，也許是因為我心底有什麼地方很希望淳君能「起死回生」吧。

大家可能覺得我在說笑。但身處極限狀況裡的人常會做出一些正常腦袋根本無法想像的難解行為。

涉嫌殺害英文會話老師 Lindsay Ann Hawker 而被指名通緝的市橋達也，在其長達兩

14　Parent-Teacher Association，家長教師聯誼會。

年七個月輾轉逃亡全國各地的極限生活裡，居然還去四國八十八所遍路求佛，「希望被害者能活過來」。

殺害光市母子事件的前少年犯，在殺掉母子後，對母親的遺體姦屍以讓她「起死回生」，更把小孩的屍體藏進衣櫥，「好讓哆啦A夢救他」。

雖然這些人的輕侮舉動看似在在挑釁了世人與受害者的情感，然而我身為跟他們一樣（未能抛捨人性的不成熟）殺人犯，實在沒辦法一笑置之。

我不知道他們進行這些「復活儀式」時到底有多認真。就連對我自己，我根本也還不知道自己當初在想什麼。

我能說的唯有一件事。我並不是像外傳的當時十四歲照片上那樣，彷彿戴著一張能劇的面具一樣，面無表情地犯下凶行。

杜斯妥也夫斯基[15]的《罪與罰》裡，主角拉斯柯尼科夫曾有這麼一段獨白：

> 所有犯罪者毫無例外，在犯罪那一瞬間便陷入了喪失意志與理性的狀態，並變得像小孩子一樣異常小心淺慮。
>
> ——摘自杜斯妥也夫斯基《罪與罰》

誠哉斯言。犯下殺人這種終極罪行的人如果還能保有冷靜正常就太奇怪了。我也不例外。在我犯下一連串罪行的那段期間，一直處於焦慮、害怕與混亂之中，心底一直歇斯底里地哭喊。我不是什麼冷酷無情的惡魔，也不是毫無缺失的殺人機器。

我拚命得令人悲哀。

裂錨

我的人生開始一點一點逸出常軌，是在我摯愛的外婆過世後。

一九九二年四月。我剛升上小學五年級，十歲。

我是個標準的「外婆寶」。比起跟我弟他們出門，我更喜歡待在外婆房裡看電視、講話、玩歌留多紙牌、跟外婆兩人相處。外婆是這世上唯一一個接納我就是我的人。每次被父母罵的時候，我就逃去外婆房間，外婆什麼也不會問，只是緊緊抱著我。

15 Fyodor Dostoyevsky，一八二一—一八八一，俄國小說家。

我喜歡外婆做的菜跟點心。奶油炒筆頭菜、苦瓜天婦羅、稀飯、山藥蓋飯、艾草丸、甘藷糕、自己發酵的瓶裝優格，每一樣都很好吃。

小時候我很常跟外婆一起洗澡。最後外婆都會用抹了肥皂的毛巾用力擰我的臉。由於實在太大力了，很痛，但我只是緊緊閉上眼睛，祈禱「早點結束」。

有一回我在暖爐旁玩，燙傷了大腿外側，外婆趕快拿了種在院子裡的蘆薈，用剪刀去皮，幫我敷在燙傷處。

另一次我跟外婆去附近的公園玩，我想讓她看見我爬樹的英姿，所以開始爬上公園裡最高的一棵樹。我在「外婆會看著我」的安心感下變得勇敢，連一次也沒回頭一直爬到樹梢上時，我開開心心往下看，沒想到外婆居然把雙手圍成喇叭一樣圍在嘴巴前大喊：

「A！快點下來！太危險了！拜託你趕快下來！」

我很氣。我以為她一定會稱讚我的……。我失神地在樹頂上愣了一下子，結果外婆在底下開始嚇得有點輕微錯亂，胡亂搔起自己的臉。我覺得很抱歉，趕緊爬下來衝去摟著她。外婆也嗚咽著緊緊摟住我。我體認到自己「深深被愛」。不管我做什麼，或是不做什麼，外婆都會愛我，她會緊緊抱住只要存在著就已經足夠的我。語言已毫無必要。我跟外婆道歉，兩人手牽手踏上回家的路。

我幾乎不記得任何上小學之前的事，但我有個清楚的印象，是出生不久後被外婆背在背上，我安心地閉上眼睛，委身於外婆溫暖的背。

如今我有時仍會這麼想。

假使外婆再多活幾年，我還會惹出那些事嗎？或者就算外婆還活著，我也照樣下手不誤？

如果我在外婆依然活著的情況下下手，那麼我應該慶幸外婆在我偏離正軌前已經過世了。

不管我想做什麼，我相信外婆都會全心愛我。那分愛之深，我想反而是我承受不住的。

我只保留了一張孩提時候的照片，其他都已經處理掉。只有這一張，不管怎麼樣我就是沒辦法丟掉。那是外婆穿著黑色和服，坐在按摩椅上，我則穿著白色汗衫跟白色短褲跨坐在外婆膝上，背靠著外婆，雙手毫無防備地垂著。外婆左手緊緊攬著我胸口以免我從膝上滑落，右手則輕輕擺在我右腿上。外婆雙手的無名指上都戴了金戒指，粗腫的指節在靠近指甲處突然彎曲，那是勞動者的證明，所謂的「短指症」。我的眼光偏離鏡頭，望著遠方，嘴角抿成了一直線，毫無笑容。攝影日期是「86　6　22」，就在我快滿四歲前。

當我看見自己孩提時的照片，

「原來我也有過那麼純真的童年時代啊。」

不，我沒辦法沉溺在這種甜蜜的感傷裡。

從小就充滿了特徵。我想像起那如玻璃彈珠般泛著無機質光澤的眼睛裡映照出來的嶄新世界。我想像自己一個人在那時候住的集合住宅的沙地上，自己玩著父親做給我的木頭卡車跟飛機玩具，一個圓臉白皙的男孩子。下一眨眼，我手中的木頭卡車跟飛機變成了刀子跟榔頭，沙地上到處冒出血來，積成了紅色血灘，血水緩緩泛開，整片沙地都變成了方形的血池。

只要我一想起那看起來那麼柔軟的小時候的手，不由得就會想起之後那雙手會奪走跟我一樣被祝福而誕生、被愛、被育養的兩條年幼的生命。

我就會想起，那雙柔弱的小手不久後會在許多人心底烙下無比重大的悲痛。

到底是在什麼地方出錯，才會在那時起算來不過十一年的時間，便那麼離譜地偏離了人的常軌？

我到底是在什麼地方踩錯了階梯？

在什麼時間點、什麼情況滑了跤，死死地陷入命運的氣井裡不得動彈……？

我也跟別人一樣，有過「天真無邪的童年時代」嗎？我也曾經像植物那般全身沐浴在陽光下行光合作用、像剛學會跑跳的小狗一樣每天開心地蹦蹦跳跳，我也有過爽朗大笑、真心痛哭的童年時代嗎？

現在想想，我覺得自己的「童年時代」不過只是幻想而已。那跨坐在外婆膝頭，還沒變成「少年A」的三歲的自己。那張幼稚的臉上，似乎早已深嵌著一種說不出來的所謂不吉的「陰翳」。我在自己那張照片臉上看見了「死相」。那洞窟般的眼睛，那晦暗的瞳孔裡若有似無的一抹白色小光點，彷彿沉陷肉體之海深處的生命殘暉。

偶爾，我會被囚禁在如此思緒中。會不會從我出生到十四歲為止的這段時間裡，再怎麼小的快樂、再如何細微的悲傷，一切都連結到了日後我所犯的罪？一切的一切從一開始就都已經預設好了。難道一切都被詛咒了？好事、壞事、所有發生在我身上的事，難道一一都形成了邪惡的水路，通往日後那難以重來的破局？

我沒有「回憶」。

一切，終將過去。

我沒辦法像自我意識教的聖經《人間失格》裡太宰治寫的那樣，站在彼岸觀點裝酷、裝虛無。

對我來說，沒有什麼事情「終將過去」。無論再怎麼細微、散亂的記憶碎片，我都不能輕鬆地把它貼上「回憶」的標籤，寫上日期收好。此刻當下，我仍在繼續過著被降臨到這世上的最初那一天。我只能這麼理解。不管太陽升起幾次、落下幾次，至死為止我大概要一直活在這永不會天亮的一天中吧。

小學四年級快結束時，身體不適的外婆去住院了。

外婆是個對東西不怎麼執著的人。她只在腋下夾著一個裝了基本生活用品跟換洗衣物的黑色小皮包，說：

「A，要乖唷。我馬上回來。」

說完溫柔地捏了捏我的臉。外婆在白色的花邊襯衫上，套了件胸口部分點綴著針織花紋模樣的綠色毛衣，指尖傳來淡淡線香味道。

外婆坐上母親開的車，前往醫院。

要過一陣子被父母罵也不能逃去外婆那裡的日子了。只能當個乖小孩了。

那是外婆最後一次喚我的名字。

幸好外婆最後一次呼喊的我、最後一次見到、撫摸的我，是當年那時候的我。

「你聽好囉，A，長大後要當個有正義感的人。扶助弱小、抑制粗暴。」

外婆時常這麼跟我說。她最討厭不公不義了，然而我卻做了她最最痛惡的事。用這個她曾用那雙手抱過無數次的身體、用這她曾握過無數次的手。

外婆大約入院一星期後，陷入了意識昏迷。明明只是入院檢查而已，那突如其來的情況把我嚇慌了。

等到外婆的情況稍微穩定，被允許會面後，我跟母親一起去探病。

「外婆！」

我比母親早一步打開集中治療室的拉門，呼喊外婆。

但自己發出來的聲音卻半途凝結在空中，連一點聲響也沒有似地墜落、四散在地上。一股混雜著糞尿跟藥物的臭味。病房的床上，躺了一個「陌生人」。

「那個人」穿著淺藍色好像浴袍的東西，鼻口蓋著人工呼吸器，喉嚨插著吸痰用的管子。瞳孔就那麼張著，連眨也沒眨。臉上到處浮現淡褐色斑點，原本連一絲白髮都沒有的一頭烏絲卻變成了斑白的灰色。

我嚇得什麼聲音都發不出來，不敢靠近外婆。在深愛的人眼裡看不見自己的恐懼……。

結果那是我最後一次看見外婆還活著的樣子。

外婆持續入院的日子裡，我升上了小學五年級。

某一天上課時，父親突然來教室找我。站在教室入口跟班導好像很嚴肅地不知道在講什麼，兩個弟弟似乎在他身後一樣哭紅了眼睛。我馬上就意識到發生了什麼事，全身僵硬。導師叫我，但我沒有站起來。父親看不下去，走了進來。一步、兩步、三步……。無法接受的現實毫不留情地逼近我。

——不要！我不要！絕對不要！

我對著父親——難以接受的現實——背過臉去似地低頭繼續坐在我的位置上開始啜泣。父親輕輕把手放在我頭上，牽起我的手走出教室。父親帶著我跟兩個弟弟回家的路上，我們連一句話也沒講。

回到家後，被帶到外婆的房間。外婆那條紫底上有著鶴跟重複的松樹圖案的棉被裡，躺著「從前」是外婆的那個物體。腫脹的臉、凹陷的眼窩，嘴唇上四處有刮痕，喉頭上怵目驚心地殘留著因插管而割開的傷口，緊閉的烏黯眼瞼上布滿了細紋，變灰的頭髮像失去彈力的銅線一樣，一摸，還清楚留下了指頭拂過的痕跡。

這真的是外婆嗎？

入院那一天，雙手掐著我的臉說「我馬上回來」的外婆，我根本沒辦法承認她跟眼前這物體是「同一個人」。

外婆去別的地方了。這不是外婆。不可能是外婆。

但眼前這的確是我深愛也深深愛著我的外婆。這是變成了冰冷僵硬而不知為何物的外婆。那嘴巴，已經不會再喊我的名字。那雙手，也不會再溫柔地掐著我的臉了。

我感覺自己體內有什麼東西被悄悄切除。確實存在的消失感。那時候我澈底頓悟了所謂的「悲哀」指的便是「喪失」。

我很困惑。雖然從外頭好像看不出來，但我其實已經陷入了驚慌狀態。可是周遭的人卻冷靜得讓我覺得幾乎是冷酷地接受現況。這讓我感到更困惑了。對我來講，那完全不是「沒辦法的事」。我沒有任何彈性可以接受「外婆不存在的世界」。我感覺全世界好像崩毀得只剩下我腳下所站的一公尺半徑，只有我被留下來的恐懼、不安與孤獨。包圍我的世界就像是一個巨大的垃圾袋，而外婆是這袋子的「袋口」。此刻，這「袋口」居然被綁起來了，把我密封在裡頭的這個「世界垃圾袋」正被急速抽成真空、收縮。

我對周遭淡然接受這等同於「世界毀滅」狀況的人、甚至對忽然從我眼前消失的外婆，都湧起一股難以言喻的憤怒。

無論在如何艱辛的時刻，人只要有足以相信的「錨」便能緊緊與這世界相繫，不會被世上的險浪沖走。但當「錨」失去了，魂魄便成了一葉漂泊的孤舟。

我失去了外婆這唯一而絕對的「錨」，於焉魂魄被沖往死黑的孤海。

原罪

接下來，你是位神父。

而我接著將跟你告白我從來沒在精神鑑定或醫療少年院的心理治療中跟任何人透露的，被我隱藏在心底金庫長達二十年以上可以稱為是我這個人「原罪」的體驗。

在我跟我所引發的事件中，被冠上最具有特色的一個關鍵字眼——性施虐癖。這是我最不願被人提及、也是我覺得自己是個「跟他人不一樣的異常人」的自卑感來源。

在我的精神鑑定書上這麼寫：

在未分化的性衝動與攻擊性結合下形成持續且冥頑之施虐癖，遂發展成本案暴行之重要肇因。

因著我最愛的外婆之死，我陷入了「死亡到底是什麼」的疑惑裡，為了理解死亡的真面目我開始解剖蛞蝓跟青蛙。當我把解剖對象轉換成貓時，剛好與我的性萌芽期重疊，我在殺貓過程中體驗了初次射精，於是對貓的虐殺嗜好與性興奮結合在一起，殺害對象從貓變成了人，肇下了事件。

既簡單又清楚，根本不需要懷疑。可是您怎麼看呢？如果您對人的精神結構有興趣，對事物的觀察也深入，難道不覺得這種「原來如此」太過單純與直白了一點？這種「樣板式的異常殺人快樂者的背景」不是有點奇怪嗎？

我外婆的死的確是我最早的「死亡目擊體驗」，也是造成我精神崩壞的主因之一，但一個人的精神並不像大樓被炸藥炸毀一樣，只要一件足以引爆的事件就可以讓一切全盤崩解。

我在事件發生時才十四歲。無論我的本性如何異常，難道一個少年的「攻擊性」跟「性衝動」會那麼簡單而必然地就「結合」在一起嗎？

其實我在解剖蛞蝓跟青蛙前就已經經歷過了射精。原本我打算至死都不要跟任何人提起，但現在如此這般，回憶起了我的外婆，我覺得如果跳過這件事，我的故事就沒有談論的必要。

罪惡就像俄羅斯套娃一樣，再怎麼天大的罪愆底下一定還藏著小一輪的罪，而在小一輪的罪愆底下，也必定藏有更幽微的罪。層層疊疊，一個套著一個。而現在我想在此懺悔被我隱藏在我「罪惡俄羅斯套娃」底下最深層、最隱晦的惡之原型。

外婆過世後，我還是常去她房裡，沉溺在跟她一起度過的回憶裡。失去了外婆的房間靜得好慘淡，更加深了我的失落。但即便如此，我還是沒辦法克制自己不要去她房間。

有一次，我打開了外婆的衣櫥。那是個上下兩層的衣櫥，上層放著外婆以前用的棉被，下層整整齊齊疊放了兩件她的和服。就在和服旁，放了外婆生前愛用的電動按摩器。外婆生前肩頸痠痛得很嚴重，常用那個按摩自己的肩膀，我有時候也會幫忙拿著按摩她的肩膀跟腳。

我恍神地把電動按摩器從衣櫥裡拿出來。整枝長大約三十公分，握柄處是黃色的，大約有罐裝咖啡那麼粗。前端則擴張成了碗狀，接觸身體的部分以膚色的彈性材質製成。我把收攏成8字形的電線解開，把插頭插進插座，在外婆的牌位前跪好。打開電源，把振動強度設定成中等，像在跟外婆的回憶嬉戲一樣，把按摩器靠在自己的肩膀、手腕、腳、臉頰跟喉嚨上，讓自己也委身於以前讓外婆放鬆的振動裡。

我也隨性地把按摩器靠在陽具上看看，忽然間，全身好像被撼動般竄過了一股詭譎的感受，包皮還沒脫落的陽具突然隨著痛楚迅速脹大，我從來不知道陽具會變得那麼大，當下馬上很害怕。

尿意出其不意地湧現。要是在這裡尿出來的話就麻煩了，可是我卻沒辦法停手。身體被近乎痛楚的快感折磨。我跪坐著，身體往前傾，像隨著按摩器振動一樣全身不斷痙攣，如果從後面看，大概很像在切腹吧。

我在逐漸飄遠的意識中，不斷追逐外婆的幻影。外婆的聲音、外婆的味道、外婆的觸感……。淚水、鼻涕跟口水攙雜在一起，啪答啪答地像斷線一樣掉在我握住按摩器的雙手上。

下一秒鐘，尿道像被亂針刺過一樣竄上了劇痛，疼得我不能呼吸，把按摩器往旁邊一丟，倒在榻榻米上了。

好像昏厥了幾分鐘吧。我張開眼睛時，臉頰感受到還開著電源的按摩器透過榻榻米傳來的陣陣振動。

我爬起來關掉按摩器，呆呆仰頭看著上方好一會兒。接著我覺得內褲底下好像有種不快的冷涼感觸，心想：「該不會流血了吧？」我把內褲拉開，看見裡面沾著從沒見過的白濁色膠狀液體。

那時候的我雖然毫無性知識，但憑直覺就察覺自己剛才做了非常汙穢的行為。

我在外婆的牌位前，看著她的遺照，用她生前的愛用品一邊想著她，體驗了初次射精。

那是在我這個人內底裡，「性」跟「死」被「罪惡感」這項接著劑完全黏死的瞬間。

之後我也繼續背著家人，躲在外婆房裡進行這項「褻瀆儀式」。

我在外婆的牌位前跪好，點燃線香，把外婆的回憶從記憶的冷凍庫裡拿出來解凍，打開電動按摩器，把振動強度設定成最強，然後像切腹般把按摩器抵在我的陽具上。「正在進行一件汙穢得不得了的事」的這種罪惡感，加速了我的快樂。

雖然沒有再發生昏厥的情況，但我射精時一定會伴隨「劇痛」。這種情況持續了很多年，我只有跟精神科醫生提過「射精時會感到劇痛」。醫生說「這是對性欲感到罪惡的表現」。或許吧。我只要壓力一大就會發燒，皮膚也會出狀況。不知道是不是跟我平時不太展現個人情緒有關係，我的「精神」跟「肉體」的同步率好像也比別人高。

或許我在無意識之間，想藉由「凌辱」外婆之死以及外婆的回憶，來把失去外婆的悲傷跟失落轉化為「快樂」吧。如果不這麼做，我可能就不能克服外婆的死跟失去外婆的酸楚現實。

我想當時我是想逼自己把單靠一個人的精神力量絕對沒辦法承受的沉重哀傷，藉由這種幾近撕身裂骨的強烈快感承擔起來，但我沒想到，那是個多麼容易中毒的快樂毒藥，我的身心已經被腐蝕到了少不了它的程度。

當然我渾然不覺，不知道自己抓住了多麼可怕的一條暴龍的尾巴。

剛好在那陣子，我開始用洗淨的果醬瓶收集蛞蝓。如果這世上也有所謂的「心像生物」，就像「心像風景」那樣，那麼我想，那貧弱、不完全而醜陋、被眾人嫌惡的蛞蝓，大概就是我這個人的「心像生物」了。包覆在牠們全身那薄透的黏膜，就像是我這個人缺乏色素的薄皮膚，而牠們一天到晚慌慌張張擺動的觸角，也像我這個人成天窺探大人臉色的怯懦眼睛。

我關上了房間電燈，躲進棉被裡打開手電筒照射牠們，守護牠們的身上那層薄弱不足以憑恃的黏膜盔甲便就此消融在人造光線中。內臟的形狀隱隱約約浮現出來。由底部往腹部看，會看到在牠們薄透的黏膜底下有許許多多小滾輪正從尾巴往頭的方向忙不溜丟地快轉，進行正確、規律且機械化的波狀運動。一想到那麼遲緩的步伐對牠們來講卻可能是全速衝刺，嘴角便不禁微微牽動。

我想更進一步了解這可人的生物。於是用鑷子夾出一隻，面朝下方擺在以魚板的木片充當而成的手術臺上，小心翼翼用大頭針插在頭部最上方跟尾巴最下方，不讓牠們死掉。但大概真的很痛吧，蛞蝓觸角癲狂地又伸又收，身體右半部的呼吸孔更是一下放大、一下收小，好像在「喘氣」一樣。仔細一看，從頭部往下三分之一處包覆著一層好像退化的殼狀物。我用剃刀仔細地把那層殼緩緩刮下來，於是便看到肌膚底下透著黃色跟黃綠色的內臟器官。觸角早已經伸長不動，出乎意料地很快就死了。我用剃刀從兩條直紋的正中央切開，裡面上方是白色的器官，接著往下到尾部全擠滿了內臟，看起來好像黑色的糞便。我被那難以言喻的「真實感」震撼了。沒想到外表看來那麼不完全且半透明的牠們，居然也是如假包換的「生物」。我為觸碰到生命而喜悅。我不是想殺牠們，我只是想觸碰看看那無比吸引我的「生命」。

我就這樣躲在外婆房裡沉浸在悖德的快樂中，同時也在幼年期特有的好奇心驅使下解剖蛞蝓，每天這樣度過。

那一年冬天，外婆的愛犬、同時也是我心愛的柴犬「佐助」因為衰老而追隨外婆而去。

面對接連奪走自己所愛的「死亡」，我無能為力。

佐助是隻身長大約四十公分的狗，身上披著像鞋刷一樣短硬漆黑的外毛，還有棉絮般柔軟潔白的內毛。兩眼上方有眉毛般白色的斑點，讓臉顯得很有精神。胸口有個很像墨跡測驗時一開始被拿出來的蝙蝠圖般對稱的白色斑紋浮現在黑毛上。

佐助的警戒心很強，眼神總好像在畏懼什麼，很少親近初相見的人。

這種地方讓我覺得跟我有點像，佐助不曉得是不是也因為這樣而對我抱著同伴意識，聽說除了外婆之外，牠最喜歡的就是我。

佐助完全不怕水。我在院子裡的金屬臉盆裡裝滿水，讓佐助進去洗澡，牠大概很開心吧，一直放屁。

外婆開始住院後，佐助的身體開始虛弱，看見散步時的繩子也不再像從前那樣飛奔過來。外婆過世後，佐助的身體更加孱弱，連飼料也不太愛吃。

牠看見附近的野貓來吃牠盆子裡的飼料，只是假裝不知情地茫然看向遠方。肚子裡也脹滿腹水，連筆直地走路都沒辦法了。腦筋也開始很奇怪，突然像被附身一樣拚命挖土，臉一直抵著院子地上的石片磨到鼻子都快破了。牠那模樣實在太悲慘、太可憐，我還想乾脆用這雙手幫牠上天堂算了，這樣佐助應該會比較快活吧。可是我做不到，我幫不了牠、也殺不了牠，我只是默默看著牠醜態畢露，一天天孱弱下去。十二月的一個寒冷清早，佐助死了。母親哭著把佐助的屍體放進紙箱裡，但我沒有哭。

「佐助去找奶奶了。」

母親這麼說。真是太無聊的傷感。佐助只是死了而已。牠失去了啃噬自己生命的牙、失去對呼吸的渴望，醜態畢露地死了。就只是這樣而已，沒有更多也沒有更少，眼前躺在那裡的只是一個已經「物體化的死亡」。

什麼「像沉睡一樣安穩美麗的亡顏」，我無法理解。我比誰都更近距離聞著死亡的味道，我知道死琭起來是什麼滋味。「死」不可能是「安穩」、「美麗」的，因而「死」才更令人愛憐。

在接連失去了所愛之後，我心中出現一種不知名的「歪斜」。在我體內有顆陰黑的氣球膨脹了，從裡頭開始壓迫我的內臟。

沒了食欲的佐助留下了很多飼料。母親覺得「很可惜」，於是繼續把飼料放進牠飼料盆裡，擺在牠小屋旁讓附近的野貓吃。我很不喜歡這件事，完完全全不合我意。佐助的飼料就是佐助的飼料，就算牠死了，還是牠的飼料。

在寒假快開始之前，我殺了第一隻貓。當時的觸感、光景、聲響與味道，至今仍鮮明留在我記憶裡。

那一天，我一如往常地跟同年級的朋友**阿達**[16]在放學後，先經過家裡附近的「三角公園」。

阿達那時候剛轉學過來，皮膚白皙、眼睛小小、臉頰像**阿龜面具**[17]一樣膨膨的，很有特色。他很愛鬧，時常模仿當時週刊漫畫《少年 JUMP》裡很受歡迎的連載〈瘋狂假面〉裡頭，那個頭上一戴上女生內褲就會變強大的英雄讓大家笑翻天。

阿達的父親是中小企業社長，他們家住在比我們家住的友丘更高一級的高級住宅區。

只要有上學的日子，阿達早上就會先來我家。他會按門鈴後躲在一旁，等我出玄關就跳出來「嘩～」的一聲，我每次都假裝嚇一跳。每天早上，我們都像打招呼一樣玩這個遊戲玩不膩。

有一次，去學校的路上，阿達很不好意思地從他書包裡拿出一張A4圖畫紙遞給我。

「阿祖基，這我昨天畫的啦……送你。」

畫紙上畫了他喜歡的漫畫《南國少年奇小邪》中出現的兩個噁心的配角「伊藤（巨大蝸牛）跟小丹仔（下半身是人、上半身是魚的半人魚）」。看得出他不知道畫了又擦、擦了又畫，用橡皮擦擦了幾次的奮鬥痕跡。雖然實在是畫得不怎麼樣，可是他的心意讓我很開心。

「畫得好棒！謝謝！」

我說著拿過了畫。

從阿達選擇畫兩個怪怪的配角而不是主角這件事，也看得出他的品味脫俗。

通常小孩子提起自己喜歡的漫畫角色時，多少都會把自己投射到角色上，所以這麼想的話，阿達搞不好也在無意識中把我們兩個人投射成了「伊藤跟小丹仔」。兩個不

16 原文作「ダフネ」，即 Daphne，希臘神話中以害羞著稱的河神之女，化作了月桂樹的她和阿波羅是一對戀人。

17 おかめ，一種女性面具，常在地方性的祭典中使用，造型滑稽古怪。

受鎂光燈眷顧的陰影下的古怪夥伴。雖然阿達在學校裡好像很開朗、很受歡迎，可是我知道，他是個裝出來的「耍寶天才」。也許是感覺到轉學生特有的壓力吧，怕不好笑的話就會被排擠。也可能是常見的那種表面開朗的轉學生其實在之前的學校裡被霸凌什麼的。總之我連一次也沒戳破過他，也沒多過問什麼除了他自己跟我講的以外的事。我知道演戲的人，最怕的就是被人當面拆穿。對他來講，我這個失去外婆後就很少在班上講話、越來越孤立的人，可能是個很令人安心的對象吧。我不像其他同學那樣會逼他搞笑，只要平平常常聊天，我就會很開心。

我覺得其實很內向、不擅長跟人交往的阿達跟我有點像。我這個戴著能劇面具一樣的人，跟他那個戴著阿龜面具一樣的人。雖然戴的面具不同，可是我們都戴著面具生活。也許我們隱約都對對方產生了同伴意識，阿達很快就跟我變成了好朋友。每天放學後，我們幾乎都會繞到附近公園裡去，聊著在學校裡發生的事、喜歡的漫畫跟電視節目。

就這樣，在公園裡跟阿達進行漫畫開講，講到天快黑了就回家。

那時我們住在一幢四四方方、白色的鋼筋兩層樓獨棟建築裡。面朝正面的右手邊是玄關，左邊是停腳踏車的地方。在玄關到停腳踏車場之間，砌了一道大約五公尺長的磚造花壇，裡頭錯落地種了一些柏木跟玫瑰。柏木從圍著花壇的圍籬之間竄出去，玫瑰多刺的莖幹也攀在圍籬上，從裡往外刺出大紅花朵，看起來好像關在柵欄裡的獅子正往外突襲路人一樣。這些植栽與其說是種來觀賞或裝飾用，還不如說它們散發出了一種豢養來嚇止別人靠近的猛犬氣息。整棟建築物外觀也白白方方毫不可親，總之那房子有種莫名拒絕四周的冷漠。

我之所以這麼感覺，大概是把自己的內心世界投射在了房子上吧。就像同時讓好幾個人看同一顆紅蘋果，雖然大家都知道那是「紅」的，可是到底是什麼紅呢，大家的感覺都不一樣。有的人覺得那像是「血那麼紅」，有的人可能覺得那像「嬰孩臉頰那麼紅」。人在觀看眼前出現的景致時，雖然自以為是在看外界，其實映入眼簾中的可能是自己內心世界的倒影。

那天我回了家，一走上玄關就發現母親不曉得是不是帶弟弟們去買晚餐了，家裡靜得跟沉船一樣，好像有什麼邪惡的東西趁著大家都沒有注意時，為了在我體內產卵而讓時間暫停。

我沒開燈，就那麼讓書包隨隨便便垂在單邊肩膀上，站在客廳茫然看向窗外的院子。

雖然這件事無關緊要，不過說真的，我真的打從心底厭惡「書包」。第一次背上書包時，我覺得心底好像被套上枷鎖一樣有種難以言喻的壓迫感。為什麼大家都背一模一樣的書包呢？是誰擅自決定男生要背黑的、女生要背紅的？最奇怪的是為什麼大家都好像理所當然就接受了？

仔細想想，書包完全是日本獨有的文化。大概沒有什麼東西比這更具象化了日本人過度的「均一志向」跟「排除異己」的獨特民族性吧？對我這種從小就一直意識到自己是個無法融入周遭的「異物者」，可能會覺得「書包」很像是把我這個「異物」壓得跟別人一樣平的壓路機吧。

我家後面有個大約五乘十五公尺左右的窄長院子，喜歡植栽的外婆在兩頭種了松、杉、棕櫚、銀杏、蘆薈等等植物，有點雜亂。

那個院子有一半都成了外婆的菜田，大約在院子正中央，有個我們自己砌的紅磚焚化爐。圍著院子繞了一圈排水用的排水溝，跟鄰居之間用水泥牆隔開。

忽然間，我看向佐助那個狗屋，一隻附近的野貓正把頭埋進佐助餐碗裡堆得高高的飼料山裡，貪婪地吃著。

——我要殺了牠。

這個想法一瞬間掠過我腦海時，支配我身心的並不是「牠侮辱了佐助的死」那麼純真的孩子單純的「憤怒」。

而是好像剛感冒時，全身骨頭都酥軟得坐也不是、站也不是，心神恍恍惚惚、麻痺而舒服的詭譎感受。

毫無疑問，「那」是性衝動。

我放下書包，走出玄關，從花壇跟住宅間的通道走到停腳踏車的地方，拿起擺在角落裡摺得亂七八糟的腳踏車遮雨罩上碎了一半的混凝土磚，繞到後院去。我輕手輕腳從後面靠近那隻貓，屏住呼吸，雙手拿起混凝土磚像遮在自己頭上一樣，對準那隻貓狠狠砸過去。不曉得是不是太用力了，混凝土磚從貓背的左邊掠過一樣打中了牠，那隻貓連哼也沒哼，全速就貼著地面竄走了，接著就掉進了院子角落的排水溝。

我走到溝旁，那隻貓似乎很痛苦地搖搖晃晃往前走，大概走了兩公尺左右就倒了下來。雖然我覺得沒丟中，但其實貓的左腹部一帶已經大量出血，我忽然很後悔，「我幹了壞事了……」。

我惶惶恐恐走進被我砸傷的貓，當我一靠近，那貓馬上豎直整個背毛，好像人生氣時一樣皺著鼻頭從牙縫間發出「嘶——嘶」的聲音恫嚇我。仔細一看，是隻很美的貓。我第一次知道貓也有美醜之別。不曉得是不是美國短毛，渾身長滿了銀白色貓毛，纖細優雅的身體上遍布了線條俐落的黑條紋，像原住民的紋身一樣。毛色充滿光澤，很難相信是隻野貓。那柔和小巧的心型臉蛋上鑲嵌的一對瞳孔渾似**七寶燒**[18]，最底下是琥珀色，再來是祖母綠，接著才是黑色的三層構色。這隻貓像賭上了自己整個存在一樣，瞳孔眯得如米粒般細小，想把我驅逐出牠的世界。

我顫抖地伸出手想檢查牠的傷勢，當我的手一進入牠的攻擊範圍內，貓馬上以人類如何訓練也比不上的肉食動物特有的敏捷，電光火石般抓了我的手。一股從未曾有過的刺痛從我的手背竄向全身，我像觸電般馬上縮回手，一看，右手背上已經有四道滲出血來的抓痕。

——嗤。

我好像聽見什麼東西破裂了。日復一日逐漸在我體內脹大的冥暗氣球，在眼前這優美野獸的最後一擊下，已然破裂。原本灌滿黑氣球內的劇毒氣體，也已經滲透我全身每一個細胞，把我變成另一種生物。

一種跟以前呼吸的空氣全然不同的氣體，流入我體內。我像剛學會在陸地上呼吸的魚一樣，好像突然頓悟了什麼，恐懼的浪潮一時退去，換來的是可怕的平靜充滿我全身。

我跟跟蹌蹌地像人偶一樣站了起來，走回屋內。我清楚知道自己接下來要做的是什麼樣的事。我打算以我這雙稚氣的手，撬開潘朵拉的盒子。

失去了外婆這個定錨的我，靈魂已然漂離了此世之岸，被沖向越來越遙遠的彼方，邪惡的浪濤將我捲向黑海之顛。毀滅的預感讓我心頭顫悸，我感到莫名亢奮。

我走去自己在二樓的房間，從牛奶盒做成的筆筒裡抽出隨便插在裡面的美工刀，重新走回那隻貓所在處。

一看見我映入眼簾，原本已經動也不動的貓又起死回生一樣擺出了恫嚇的姿態。我在牠前面蹲下來，奮力把美工刀推到底，朝著牠的眼睛橫橫就是一劃！宛如嬰兒般的悲鳴撕裂了我的耳膜，我全身寒毛直豎。來不及踩煞車了。貓的左眼好像沒事，但被扎扎實實劃過的右眼好像水球破裂般噴出了水，再也張不開了。

我不管慌狂掙扎的貓會抓傷我的手，左手一把抓起牠的頭便往上提。貓的身體比我想像的還溫熱，從掌心中傳來牠頸動脈的波動。我撿起落在腳邊的十公分長左右的樹枝，直接往牠痛得張開的嘴巴裡頭插，接著就那樣用樹枝把牠提起來，把牠背抵在混凝土圍牆上，用美工刀刺進牠的腹部傷口中扭轉。貓痛苦得揮舞手腳，連尿都噴了出

18 日本金屬琺瑯器的一種稱呼。日本人認為這種金屬琺瑯器美麗華貴，恰如佛經中提及的七種珍寶——金、銀、琉璃、瑪瑙、赤珠、水晶和硨磲，故以「七寶」名之。

來。我趕緊避開尿，掐著貓頭的左手一張，貓又掉進了排水溝裡。牠在排水溝裡依然在噴尿，很衰弱了，不再像剛才一樣有力氣撐起上半身來。但牠依然擺動著四肢，像在把自己體內流出的血跟混雜尿液的土黃色液體區別開來一樣。這隻優美的貓，就這樣用自己的手毀了自己的美。我感覺胃部一帶有無數小螞蟻在爬一樣搔癢，心臟則怦怦地敲響大鼓。呼應這演奏似地，「另一個心臟」也抬起了頭。我勃起了。這分裂成了兩個的心臟之一，從我內臟之間鑽呀鑽地，鑽出了股間。

褲底下的陽具已經脹大得好像用手輕輕一彈就會爆裂開來，正配合脈動前前後後微微痙攣。

如果把貓放著，牠也一定會死吧。但我不能允許這種事。我自己謀害的生命，我就要負起責任自己把牠收拾到最後。不曉得這是什麼莫名其妙的責任感，但我已經被這種想法所囚禁。於是我拿起剛剛砸貓的混凝土塊，像蓋在牠臉上一樣地放了上去，然後使盡全身力氣，踩上那混凝土塊。喀咿——我聽見頭蓋骨碎裂的聲音輕輕響起。貓不動了。腳底感受到了生命被踩爛的觸感透過混凝土塊傳了過來。我像要確認那種觸感似地拚命踩了又踩，我每踩一次，便覺得心情高亢。陽具已經像焊接器一樣發熱，下一秒鐘，熱脹的陽具中竄過一股激痛，感覺好像有一個釣鉤從陽具裡被咻地拉了出來。射精了。我當場蹲下，額頭冒著冷汗等待痛楚過去。過去之後，我緩緩站起身來，輕輕把混凝土塊從貓的臉上移開。那已經被蹂躪得看不出是一張貓臉了。粉紅色的腦從破碎的頭蓋骨中迸出，左眼球深陷在臉頰中，血跡斑斕地從牙齦暴露出來的四顆長牙歪歪扭扭折向四方。

我抓起貓尾巴，把貓屍從排水溝裡提起，一直盯著潰爛的貓頭，渾身充滿了不可思議的滿足感。

外婆跟佐助。死亡將我心之所愛一個接一個奪走，但我用我自己的力量把原本伸手不可及的死亡，拉到我這邊來了。用我自己這雙手，孕育了死。我完美地把玩弄我、把我耍得團團轉的死亡給控制住了。這顆被踩爛的貓頭就是我對死亡的「勝利」。

所謂活著，就是感受痛苦。

所謂給予痛苦，就是觸摸生命。

觸摸生命。

攬到我手掌心來。

對那時候的我來講，沒有比那更棒的興奮劑了。

剛從蛋裡破殼而出的小雞，第一眼看到了什麼就會把那東西當成自己父母親。這種所謂「植入」的習性難道不能也套用到人的「性欲」上嗎？剛覺醒的「性欲」就像剛從蛋裡孵出來的小雞一樣，也就是說，有生以來第一次經歷性高潮時，那時心底最強烈意識到的事便會成為那個人在性衝動上的啟發之母，那個人就此被「性植入」。

當我在外婆的房裡經歷第一次射精時，我這隻剛從蛋裡破殼而出的小雞所具有的「暗黑性衝動」之前，「死亡」對我揮舞著大手。於是我便就這麼在毫無察覺間，身體變成了只要不切身感受到死，便不能性興奮的體質。

通常「性」與「死」就像羅密歐與茱麗葉一樣，不管彼此再怎麼強烈互相吸引，橫亙在彼此之間的種種困難還是會讓雙方無法結合。可是若有什麼環節出了差錯，這邪惡的戀曲得以譜成，那麼如假包換的「悲劇」便於焉誕生。

根據佛洛伊德所說，人類的欲望可以概分成「生之驅力」與「死亡驅力」兩種。「生之驅力」是自我保護或生殖行為等扎根在「求生」基礎上的欲念，相較之下，「死亡驅力」卻是在有意識或無意識之間追求死亡的欲望。

「死亡驅力」也跟「子宮回歸願望」間有強烈連動，被認為是追求回到自己生命誕生前最接近於無的狀態——也就是母親子宮內——的極端的「退化」追求。在這種「讓一切盡歸於無」的願望操弄下，有時會直接連結到讓自己跟這世界同歸於盡的破壞衝動。就像村上龍所寫的《寄物櫃的嬰孩》中利用「**曼陀羅**[19]」這種神經武器來破壞世界的主角菊仔一樣。精神分析學裡則把這種欲望稱為「涅槃原則」。

子宮回歸願望可以說是驅動死亡驅力的引擎，而死亡驅力的馬力有多強大，則端視子宮回歸願望的欲望有多強烈而定。

子宮回歸願望，事實上比大家所想的更為血腥。

我可能在孩童時期就已經存在非常強烈的子宮回歸願望吧。比如說我從懂事起到被逮捕為止，把布娃娃圍在床的周圍像山一樣，拉下窗簾睡上一整天的行為，就暗示了我這種傾向。一個不算小的男孩子圍在布娃娃中間睡覺，看起來真的很怪異，但這也可以說是我把外界的刺激隔絕開來，製造出一個無條件守護我的「擬似子宮內空間」。

子宮回歸願望比較強的人，很自然也有比較強烈的死亡驅力。我之所以會在外婆之死下啟動那麼強大的死亡驅力，背景就在於此。

人會在無意識之間朝著死亡趨近。不然這世上難道有人從來未曾有過「想死」的念頭嗎？難道您不曾想過要像一揮手就擦掉黑板上的字一樣，一點痕跡也不留地澈底從這世上消失嗎？在一如往常的上班路上，忽然間想回頭走一條從沒走過的路回家，那條你隨意闖進的小徑之中，佇立的路燈上難道不曾迷濛地亮起「死亡」之光嗎？

19 ダチュラ，即 Datura，指曼陀羅花，自古以來被當作麻醉藥物使用。

死，不是在某一天突然來臨。死是像我們眼睛看不見的微生物一樣潛伏在床上、枕頭上、筷子跟湯匙中，甚至就在您此刻呼吸的空氣裡，緩緩地、規律地藏在頭髮之中、肌膚裡、血肉、骨頭中，無數的死。

不管是誰都無法在摒除死亡的前提下生存。

「死亡驅力」跟破壞他人與自己的衝動——亦即「施虐」與「受虐」——也有密切關係。差別只在於攻擊的矛頭指向了別人還是揮向自己，「施虐」與「受虐」就像從「死亡驅力」中分離而出的同卵雙胞胎一樣，也就是說，「瘋狂的施虐者」同時也是「瘋狂的受虐者」。我自然毫不例外。當我在外婆的房裡經歷過第一次射精，因為太痛而昏厥之後，我便成為「痛楚」的囚俘。從第二次自慰的時候起，我便在自慰中用力咬舌而流血，在成為殺貓慣犯的小學六年級時，我更用母親的女用剃刀割自己的手、大腿跟下腹部。不過才年僅十二歲而已，我已經是個無可救藥的性偏差者。

貓全身沾滿的尿液跟血液開始慢慢乾涸時，理科實驗中聞過的那種阿摩尼亞般的刺鼻味道撲上我鼻膜。

我直接把貓屍體拿到外婆種菜的菜田去，用她生前的園藝鏟在田裡挖了個洞。

外婆死後就沒人整理的菜田裡，到處長滿小小的鬍碴般的雜草。

我把貓埋在菜田裡後，像失了魂一樣杵在當場很久。好像剛從麻醉中甦醒似地，寒意跟被貓抓傷的刺痛逐漸在體內醒來。

四散在菜田上的紅銅色銀杏落葉，在冬風吹擁下往上畫著螺旋被吸入天空。

灰沉渾暗得好似被混凝土抹過一樣的冬日天空，彷彿此刻就要碎裂崩毀了。

外婆過世八個月，我已經急速墜落通往地獄的陡坡。

斷絕

自從外婆死的那年冬天我在院子裡殺了第一隻貓以來，便被殺貓的快感所俘擄。從第二隻貓之後，我開始把貓的身體切開，把頭跟手腳肢解，丟進我家西邊的山谷裡。

被枯掉的芒草跟艾草覆滿的地表縫隙間，長出了像《風之谷》的腐海植物一樣滿頭披覆種子的加拿大一枝黃花，看起來就好毒辣。這些野草密密麻麻地往山谷蔓延過去，山谷右邊是以竹林為主的茂密雜木林，從谷邊往谷底越來越暗，當太陽下山時，看起來就好像一個墜落地表的黑洞。

——寂寥之谷。

令人想為它取這個名字，光看就讓人抑鬱的暗淡光景。

那時這山谷裡丟滿了破爛的黃色書刊、保險套、空掉的浣腸劑跟女用內褲等等的亂七八糟。這是潛藏在神聖的新城陰影底下，欲望雜遝的廢棄場。感覺好像飄蕩在這地區裡的瘴氣全流聚到了這個山谷裡了。

升上小學六年級後，殺貓的情況急速惡化，每次殺貓的間隔越來越短，手法越來越殘忍。我已經不再藉口什麼「想理解死亡」這種冠冕堂皇的理由，我只是單純從殺貓與肢解中得到快感。

但快感就跟毒品一樣，都有「耐受性」。隨著我捕抓一隻又一隻的貓，以各種手法殘殺，我也失去了第一次殺貓時那種理性、倫理跟思想統統都被拋在腦後的純粹快感。升上國中那時候，我開始耽溺於「想殺個跟自己一樣的『人』看看」這種想法，不管醒著或睡著，無時無刻都在想這件事。

一九九七年三月十六日。

我在距離我家一．五公里的龍之丘，用刀子跟榔頭攻擊兩名小女生。兩名被害人跟我完全不認識。

被我用榔頭砸中腦門的彩花（當時十歲）受了重傷，頭蓋骨下陷骨折，意識不明被送往醫院後沒有好轉，一週後於三月二十三日過世。我在襲擊彩花之後，很快地又假裝跟另一名小女孩（當時九歲）擦身而過，用刀子捅她腹部，害小女孩受傷了兩星期才好。

當時我住的地區從來沒有發生過這種事件，新聞鬧得很大，還上了報紙。

我忽然對自己捅下的妻子感到很心慌。可是一陣子過去了，還是沒有人發現，大家都忽略了我。

生活完全沒有改變。雖然幹下了那麼異常的事，可是我的生活還是照舊。實在無法形容那種詭譎感。於是在日子一天天經過下，我的狂誕被正常的生活跟毫無改變的日子給催化了。

難道是一場夢嗎？

其實我在現實生活裡什麼也沒做？

我已經分辨不清現實與虛幻，感覺自己好像變成了幽靈還是透明人一樣，活在虛構裡的世界。我感到非常不爽。就好像在夢裡忽然察覺「這是夢」時，那種接近「清楚夢境」的感受。這種感覺一天天增強。

我感受不到身體的重量。吃什麼都食不知味。感知變得遲鈍，跟人說話時感覺對方的聲音好像很遙遠。我的四周彷彿有道看不見的裂縫正在崩裂，越裂越大，把我自己跟周圍的世界給隔絕開來一樣的疏離。我顫巍巍地走在懸吊於正常與發狂的山谷之間的一條孤索，努力保持平衡。

在那件事件過後兩週的四月初，我寫下了這篇名為〈懲役十三年〉的文章。

懲役十三年

1
不管在哪個時代……總是重複一樣的事。
無法阻止的事就是無法阻止，無法殺戮者，無法殺戮。
有時候那甚至是住在自己靈魂中的……
「惡魔」。
在假想的理想國「腦內宇宙」中，在那無比陰暗漂散著濃郁腐臭的孤獨心房底……
宛如死魂一樣杵立，凝望著虛空中某一點的惡魔，它的眼底究竟看見了什麼？
我恐怕連預測都無法預測。
更無法「理解」。

2
潛伏心底的惡魔告訴我外部正對我發動攻擊，煽起我的危機感，像一位熟練的傀儡師配合音樂節奏舞動傀儡般地操縱我。
那曾是自己的鬼神令我感受到一股「絕對零度的狂意」。

我就這樣一路被逼迫，在「自己體內」……

但我不會投降。死地求生需要的不是方法，而是打從內心改革。

3 大多數人都以為惡魔的外表應該長得跟內心一樣醜惡，但事實完全相反。一般來說，現實中的惡魔甚至比他們平凡的父母兄弟看起來更平凡，連行為舉止也表現得很普通。

他們表現得讓人誤以為他們品德高超，實際上根本不是這麼一回事……

就像蠟捏成的玫瑰花、塑膠做出來的桃子一樣，真實的東西明明不完美，我們卻覺得真的玫瑰花跟桃子就應該長成這樣。

4 至今為止的生活裡，敵人好像是理所當然的存在。

好的敵人、不好的敵人、令人愉快的敵人、不愉快的敵人、感覺會把自己殲滅的敵人。

但最近連這樣的敵人感覺也好像弱得不值得放在眼裡。

於是我腦中閃進了一個「答案」。

「人一輩子裡，最大的敵人就是自己。」

5 和惡魔（自己）戰鬥的人必須非常小心，別讓自己在過程中也成了惡魔。

當你在窺探深淵的同時，深淵也在窺探著你。

「人生路走到一半，突然發現，
自己已經走偏了筆直大道，
迷路在昏暗森林中。」

這篇〈懲役十三年〉是我從一些喜歡的獵奇殺人的書跟電影《終極戰士2》裡挑出來自己喜歡的句子重組而成的文章。或許我當時也很努力在抵抗自己內心無法壓抑的殺人衝動，自己也很掙扎吧。

我把這篇文章拿給同學阿達看，他幫我用文字處理機打出來。

我跟阿達透露自己虛無的人生觀，還假裝若無其事地在話裡隱隱約約透露出自己幹下的好事，跟他說我藉由殺貓來獲得性興奮。阿達馬上就幫我在學校到處宣傳，於是校內就傳出了我就是三月那起案件的犯人。

那之後又過了一個月，五月十四日時我把在放學路上遇見的阿達騙到三角公園去。

我把書包放在公園長椅上，獨自走進沙地，站在沙地正中央面朝阿達展露了一個大概是因為很少笑，一笑就痙攣的不自然笑容。

「阿達，要不要來決鬥？」

我擺出李小龍的架勢，指尖「來呀來呀」地對著阿達擺動，叫他來沙地。阿達一開

始也很起興，

「唷！好啊好啊，來呀來呀！」

就跑進沙地裡擺出了他最擅長的《瘋狂假面》姿勢。我往他門戶洞開的腹部大腳一踹，登時阿達哀號一聲，蹲了下去。他一隻手摀著肚子，另一隻手朝我大大地張開，臉色青白，太陽穴邊已經浮出米粒般的大汗。他一邊痛苦地咳嗽，一邊對我說：

「停！暫停、暫停！你來真的啊？」

我從口袋裡拿出金屬製的手銬代替回答。我慢吞吞像故意展現給他看那樣，把手銬像手指虎一樣捲在右手上。阿達臉色大變。

「我、我先回家了。」

阿達說。我一把從他的領口抓住，套上了手銬的手朝著他的頭臉就是一陣拳頭。阿達大聲哀號，我又往他張大的嘴巴毫不留情地狂揍。「噫——」的一聲，牙齒斷裂的觸感從手銬傳上手指，我已經打到手痛，於是停下手來，阿達馬上膝蓋著地，手腳並用地嗚咽著爬開。這次我從腰帶上抽出刀子，把刀套拔了下來。

我拿著刀子蹲在阿達臉前，伸出舌頭從刀頸往刀尖慢慢舔過，想挑起他的恐懼。原本邊哭邊喘的阿達這時停止呼吸，也不哭了。下一秒鐘，他迅速抬起上半身，抓起沙子往我的臉扔。

我的眼睛跟嘴巴裡飛進沙礫，不禁仰頭跪倒在地。阿達趕緊趁這個機會連書包都不拿就逃回家了。我閉著眼睛站起來，半彎著腰雙手往外伸，像昆蟲用觸角搜索四周一樣地走到就在沙地旁的水龍頭，把眼睛跟嘴巴洗乾淨。

我的行為如此殘暴，但我的內心卻很平靜。

我到底在幹嘛？

現在仔細想想，其實我那時候真的不知道為什麼要揍他。

也許可以說「因為他散播謠言」，這樣聽來很容易了解，可是其實我還不清楚他的性格嗎？只要跟他說點聳動一點的，他怎麼可能關得住嘴巴？

人有一種習性，有時候會「刻意」顯露出感情。如果是先產生了「直接情緒」，但卻因為自己東想西想，結果把自己搞得團團轉那還好，真正麻煩的是腦筋裡頭無意識地產生了某些「未經確認的想法」，結果卻催化出連自己也沒想到的「不伴隨真實情感的情感」，虛張聲勢得好像是真的從自己心底湧現出來的感受一樣，操控了自己動作。例如您平常的喜悅跟憤怒，難道您敢說真的都沒有攙雜任何「雜質」嗎？真的都是「百分之百純粹」的感情嗎？

我那一天的行為有種奇妙的不自然，是刻意的「作為」。

也許我想要的只是「揍阿達的情況」而已。這麼說可能很難懂，但我忍不住覺得我在犯下一連串犯行之間，已經無意識地把現實中的行為給「戲劇化」了。就像把現實當成了舞臺，導演一齣我自導自演的電影。

我在幹壞事的同時，也在我腦裡拍攝了一部自己的「怪物影片」。像科學怪人般，把我到處蒐集而來的字句跟影像片段結合成了一部屬於自己的「怪物故事」。最後我的故事終於獲得了生命，脫離我的掌控，反噬賜予它生命的我。

我在痛揍阿達的隔天，像個沒事人一樣去上學時，站在正門口兩側的訓導老師**胡迪**跟**巴斯**[20]像東大寺南大門的金剛力士像一樣板著臉孔。

「先不用上課，跟我們來一下。」

我被直接帶到訓導處，當我一把書包放在地上，坐在摺疊椅上後，兩位老師也在長桌對面的椅子上坐下。胡迪首先發難。

「你知道我們為什麼要叫你來吧？」

我沒說話。胡迪開始不滿。

「喂，聽見了吧？看著我！」

20　《玩具總動員》的兩位主角。

我抬起眼睛，淡淡地看著胡迪。剛明明是他叫我看他的，可是眼神一對上後他卻像嚇到似地往後一彈。我對他來講大概是很棘手的學生吧。我又不像校園片裡那種火氣旺盛的不良學生，對他講的話也沒有反應，不曉得到底在想什麼。我可不像那些可愛的不良學生那麼好應付，他大概覺得我令他很不舒服吧。

接著換巴斯開口。

「你昨天不是打了阿達嗎？為什麼？」

「有點不愉快。」

巴斯又問：

「不是不愉快那麼簡單吧？阿達被你打得全臉都是傷，門牙也斷了。他說你還想拿刀刺他？你不要亂來，不然警察也會來喔。」

胡迪繼續說：

「為什麼隨身帶刀？你想幹嘛？」

「我只是想防身而已。」

胡迪繼續問：

「你今天也帶了嗎？」

我又不說話了。胡迪站起來往我走來，他要我站起來，從我的制服上身搜到腰間一帶，被他搜出了皮帶上的小刀，拿出來放在桌上。他重新在我對面的椅子上坐下。

「你怎麼帶著這種東西到處走，要是殺死了人怎麼辦？到時候就來不及了。」

我直勾勾地盯著他的眼睛回道：

「為什麼殺了蟑螂跟螞蟻都沒人講話，殺了人就怎麼樣？人命很了不起嗎？」

比起我的話，胡迪大概覺得我的口氣更令人驚駭吧？他盯著我的臉，好像覺得再跟我說什麼都沒用，要我在那裡等著，就跟巴斯離開了訓導處。

他們打了電話到我家。我母親因為正要帶患了流行性腮腺炎的三男去醫院，於是改打電話給當天要回醫院定期看診而跟公司請了假的父親，要他先去學校。

我等了大概四十分鐘，訓導處的門又開了，兩位老師帶著父親一齊進來。父親看起來很難過地站到我眼前，靜靜問：

「怎麼啦？為什麼要打阿達？他不是你的好朋友嗎？」

被父親這麼一問，我忽然全身打顫。

——我為什麼要打他呢？我也想自問。我是怎麼了？我到底想要幹嘛啊？

體內好像有什麼東西瓦解了，連我自己也沒辦法控制我自己。霎時我感到恐懼，全身像發顛還什麼似地劇烈顫抖，淚水止也止不住。連一向遲鈍的父親也察覺到我的不對勁，於是沒再多問，跟兩位老師說：

「不好意思，我覺得他今天好像有點奇怪，我可以先帶他回家嗎？」

老師也同意。於是我就讓父親帶著，虛虛浮浮地回家去。一回到家，父親說：

「等你母親回來了，我們三個人再好好講話，你先換衣服回你房間休息吧。」

我什麼話也沒說，走回自己在二樓的房間。

中午前，母親回來了，我跟父親還有母親三個人一齊在客廳裡坐下。母親開口問：

「你打了阿達嗎？怎麼啦？發生什麼事了？我不會生氣，你好好說。」

於是我窸窸窣窣地說：

「因為阿達在學校裡亂造謠，說什麼我背地裡會打低年級學生跟殘障的，結果大家都很怕我。我跟他說不要再亂說了，可是他還是一直講……」

我開口就說出跟事實完全不符的話，裝可憐地一直哭。我發現母親的眼神漸漸轉為同情。母親輕聲說：

「原來是這樣，你一定很難過。可是就算這樣也不可以打人呀，不管被人家說了多少難聽話，一打人，你就變成壞人了。我知道被說壞話一定很委屈，你要是不敢跟老師講，可以跟媽媽講，媽媽會幫你去說啊。當然我知道你也很難過，可是阿達也很害怕，所以你要像個男子漢一樣好好去跟人家道歉，把這件事結束。媽媽現在就陪你去道歉。」

說完後，母親帶著我去阿達家。我們一按下門鈴，阿達的母親出來應門。他母親跟他一樣皮膚白皙，兩頰像戴了阿龜面具一樣鼓鼓的，一看就知道那是他母親。阿達好像很害怕，在他房裡不想出來。我們只好改為跟他母親道歉。

後來阿達就轉到外縣市的學校去了。我最後一次看見阿達的臉，是一張嚇得哭到痙攣的臉。

我完全不覺得自己傷害阿達有什麼了不起的。我連想都沒想過他被我揍成那樣是什麼感受。我完全不能體會別人的心情，我是最最下等的人類。那時看著我的阿達，那雙眼睛像見鬼一樣驚怯的眼神如今還深深烙印在我腦海裡。他那時候到底有多害怕、有多痛？我傷害的不只是他的身體，還有他那顆纖細而溫柔的心。

我究竟像這樣傷害了多少人、害多少人的人生亂了調？

我是把會走路的電鑽。只要我一吐氣，就不知道傷害了誰。我一吸氣就耗損自己，只能靠不停傷害別人或自己或甚至什麼東西來活下去。我只能這樣呼吸。就像一把不管碰到了什麼就鑽孔的電鑽。

我記得是我國中二年級時。那時一位女老師把阿達跟阿波羅個別叫去講話，要他們不要跟我走太近。那時阿達跟我講這件事，我受到很大的打擊。

我很不擅長跟別人交談，也沒什麼朋友，在班上很孤立。在這種情況下又聽見阿達這麼說，覺得女老師好像要孤立我、奪走我的生存空間，產生了過度的被害反應，對她抱持強烈的敵意。

可是我現在回頭冷靜想一想，當時要被一個擔任老師這種職業、專長就是了解學生的人講出那種話，我當時到底是什麼樣的孩子呢？我不得不自問。我會不會只是被一個沒講過什麼話的人看出我的異常而感到憤怒、反過來氣恨她？

事實上，我後來就對沒聽老師忠告遠離我的阿達痛下重手，讓他身心俱傷。

對於別人的好意只會從負面解讀的人、永遠從四十五度角看待事情的人、一直蒐集材料攻擊他人的人、像電鑽一樣斲傷靠近自己、接觸自己的人，明明對於自己的傷感得不得了，對於他人的傷痛卻絲毫不能體會的爛人，更要緊的是幹下了那樣的事件，根本就不配被稱為人的垃圾，有誰會想讓自己重要的人接近他呢？在我忿忿不平於「自己被排擠了」之前，我難道不是已經把別人從我心中排擠掉了？我難道不是比任何人都更早察覺自己有問題？所以我才會對那名女老師的話那麼敏感？我不是已經預感到自己即將犯下難以挽回的遺憾嗎？我不是已經察覺有人正在擔心我嗎？但我還是沒有尋求任何幫助，我只是一味欺瞞、糊弄自己，逃離正面迎戰自己的異常性格、做下一個又一個錯誤的決定，自己把自己逼進了死角，最終造成了那樣的事件，不是嗎……？

回家後，母親開始準備午飯。我坐在廚房椅子上，低著頭望著變形蟲圖案的桌布。

「媽……」

我對著母親的後背出聲。

母親轉頭瞄了我一下，馬上又回頭看著手邊的刀子，一邊切菜，一邊回應。

「怎麼啦？」

「我最近不想去學校，好不好？」

母親沉默了五分鐘，開口回道：

「好啊，如果你想這麼做。那吃完了飯，媽媽去學校跟老師說。」

母親沒有多過問就接受了我的請求。

「謝謝。」

我輕輕道謝。母親再度轉頭看向我說：

「你有點精神。很多人都在學校不適應，但在社會上很成功哪。你只要找到自己的方向就行了。又不是不去上學，人生就會毀了。」

母親笑著這麼激勵我。

之後母親便去學校，跟老師商量我今後應該怎麼辦。在學校勸說下，母親決定讓我去兒童諮詢所接受輔導，以代替短期休學。

那之後過了十天，一九九七年五月二十四日，我在水槽山殺了淳君。

GOD LESS NIGHT

我引發的事件之所以給人那麼異常凶殘的印象，並不在於我的殺害，而在於我在一九九七年五月二十六日（五月二十七日凌晨）所幹下的行徑。

剛於兩天前殺害淳君、仍舊拒絕上學的我，當天也在十點左右醒來，從棉被裡鑽出來換好衣服、打開房間紙門，唧唧咿咿地踩著焦褐色木頭階梯下去一樓。餐桌上擺著母親的紙條：

我去淳君家。
中午回來。
母留

淳君從兩天前就不見了，他母親心力交瘁臥床不起，母親從那天起，每天都去他家幫忙接電話跟買食材。

我連碰也沒碰紙條，從冰箱裡拿出一片土司，泡了紅茶。

我把烤好的土司拿出來放在塑膠盤上，塗滿了草莓果醬、再塗上煉乳，把果醬跟煉乳塗得亂七八糟後送進口裡。我咬下一口土司，喝一口紅茶，再咬一口土司、再喝一口紅茶。與其說那樣子看起來像在吃東西，還不如說像病人奄奄一息地在吃藥。

我非常厭膩「吃」這項行為。但肉體無視於我是否有求生意識，擅自肚子餓，強迫我活下去。

吃完了飯，我刷牙洗臉，接著拿起上學用的被稱為「輔助書包」的手提包，騎上腳踏車前往入角池。

家門口斜對面的空地上停著家裡那輛日產SUNNY，看來母親是走路去淳君家的。

天空灰灰的，看來快下雨了。

我騎上腳踏車，奔往附近公園，從有白色長椅的廣場拐進森林，踏上曲曲斜斜的小徑。我沿著樹上綁的繩索往下攀到入角池畔，接著前往昨天藏匿淳君頭部的生命之樹根部的洞口。

我從洞裡把裝了頭的黑塑膠袋拿出來，放進準備好的手提包裡，接著把袋子提帶穿進手腕直到手肘處，沿著攀爬下來的繩索再攀回上頭的小徑。

前往森林入口的路上，突然開始下起了雨。雨滴轉眼變大，不一會兒便變成劃破天空的傾盆大雨。我把手提包放在地上，張開雙手，打開手心，擁抱這一場雨。

雨化為天空之舌舔舐大地。我仰頭伸出了舌頭，與天空深情接吻。霎時間，舌頭變成了靈敏的音叉，彈向舌尖一陣陣不規則的雨滴震盪傳遍了全身，直至腳底、又達地面。與地上的石頭、樹上的枝葉、小池的水面盪起的雨聲共鳴出了莊嚴的協奏曲。我以生命全力舔舐了死亡的甜膩糖果後所感受到的飢渴，大雨予我以溫柔擁抱潤澤……。

我走出森林，將淳君的頭放進停在公園的腳踏車前的籃子裡，奮力往家的方向全力飛馳。彷彿像配合腳踏車的速度一樣，方才溫溫吞吞的雨也鏗鏘得像ＢＢ彈般朝我全身打來，彷彿在斥責我的罪行。

回到家，把腳踏車停在停放腳踏車的地方，連確認母親回來了沒也沒有，我就直接打開沒上鎖的大門，走進家中。

母親還沒回來。我把淳君的頭放在浴室脫衣處，從客廳走到外頭院子，把放在院子角落水道旁那個直徑大約六十公分的鍍金臉盆拿起來，走回脫衣處。我打算用這個臉盆清洗淳君臉上的髒汙。

我關上脫衣處的門，從裡頭上鎖，脫下溼透的衣服丟進洗衣機裡，全身裸露。我把手提包裡的塑膠袋口打開，拿出淳君的頭抱在腋下，打開兩片式的霧玻璃夾門，走進浴室，把門關起。接著從裡面也把滑動式的鎖給鎖上。

我在霧玻璃這一側，進行了比殺人更驚世駭俗的行為。

這行為結束後，當我重新打開拉門時已經是喪心病狂的狀態。我不知道這在精神醫學上會怎麼解釋，但我在這之後有長達兩年多的時間完全喪失性欲，連一次也沒有勃起。我想我當時大概已經把包含性在內的所有「生存能量」都給用光了。

我拿著浴巾擦拭身體，也擦了淳君的臉。接著把他的頭重新放回手提包裡的黑塑膠袋中，把袋口綁緊。

我沒穿衣服就走出了脫衣處，走向我房間，把角落的天花板移開，將頭藏進天花板的夾層中。

把天花板片重新挪好，我穿上衣服，走回脫衣處，把臉盆放回院子的水道旁，走進家中，坐在餐桌旁椅子上，把母親的紙條揉成一團丟進廚房垃圾桶裡。

過了大約三十分鐘，母親急急忙忙地回來了。

「我回來囉～哇～剛突然下雨耶，你剛一直在家嗎？」

「嗯。」

「是喔？那中午不就還沒吃？我現在做吧，你要吃什麼？」

「都好啊，隨便。」

「那吃義大利麵吧？我記得冰箱裡還有肉醬。」

「好啊，那就吃那個。」

母親背向我，開始煮麵，她邊煮邊說：

「哎……淳君到底跑去哪裡了……他媽媽這三天簡直擔心得整個人都垮了，可憐哪……」

母親把煮好的麵條擺在兩個圓盤上，接著趁炒鍋還沒涼，快手快腳地把肉醬倒入，拌進切碎的洋蔥一起溫熱。殘存在空氣中那渺茫的腐臭味很快就被肉醬的香味吞噬。母親在煮好的麵條上倒上肉醬。她把炒鍋放進洗碗槽，把兩個杯子擺上桌，從冰箱裡拿出麥茶倒進去。我跟母親對坐著開始吃肉醬義大利麵。

母親吃得津津有味，我則是身體擅自進行「吃」這項行為。

吃完了，我去客廳看電視，這時門鈴響了。

「誰呀？」

正在洗衣服的母親放下手邊工作，走向玄關。

「A，你來一下！」

母親喊我。我走去玄關，看見我們班的女班導跟訓導老師胡迪。

「嘿，Ａ！最近怎麼樣？一切還好吧？」

胡迪刻意很友善地跟我講話，可惜他的臉在抽搐。

「還好呀，普通。」

「是唷。對了，你國中生活也快結束了，要不要去畢業旅行，跟大家一起留下一點回憶？」

畢業旅行？

我耳裡好像聽見了「宇宙旅行」一樣的字眼。

「不要，很麻煩。」

胡迪露出苦笑。接著母親跟他們報告我的近況，我默不作聲杵在一旁。

兩位老師走後，母親對我循循善誘：

「我說你呀，也不是說你一定要討好他們，可是講話時普通一點嘛。老師們也不是閒閒沒事，他們也是抽空過來的。」

「嗯。」

我隨便應了一聲，然後走回我在二樓的房間，沒回客廳。

我在錄放影機裡放進**艾德華．福隆**[21]主演的《六度戰慄》（Brainscan），按下了播放鍵。

一個不良於行的孤獨宅男高中生，在朋友的推薦下玩了一片名為《六度戰慄》的殺人遊戲，沒想到發生在遊戲中的殺人行為也演變成真實世界裡的殺人案件，漸漸地讓他搞不清楚幻想與現實的區別。

結局很冷，但我很喜歡艾德華．福隆那種憂鬱氣質，還有飾演遊戲裡的配音——龐克風怪咖「主謀者」的**T．萊德．史密斯**[22]所展現出來的那種快活風格，不知道把這部片看了多少次。

那天當我重播第三遍時，父親回來了，我們全家五人一起吃了晚餐。

吃完飯、洗完澡，我又回到房間，《六度戰慄》還在螢幕上播著。

我讓片子繼續跑，人躺在床上盯著天花板的木片紋路，心想淳君的頭該怎麼辦。總不能一直放在家裡。

我在警方偵訊時，供述當我把淳君的頭從入角池拿回家時，已經考慮要「把頭放在學校正門口」，但其實我當時還沒想到要「把頭放在學校正門口」。

——明天等大家都出門後，把頭埋在外婆的菜園裡吧。

把淳君埋在外婆的菜園，這是我最初想出來的答案。我覺得這個答案很「正確」。

我就這麼讓《六度戰慄》繼續重播，人昏昏沉沉就睡著了。

當我睜開眼，已經全片播完的電視上只剩下風沙在跑的黑白影像。我盯著那風沙。雜音貫穿了我的皮膚，滲進了身體裡。

窗簾拉上了，但窗戶全開。剛好那時候，灌滿了夜風的窗簾縫隙像葉片般擴張了開來，從縫隙中往內射入了月光的愛液，滋潤了我的瘋狂。

電視螢幕的風沙。葉片般擴張的窗簾。簾縫中撲墜進房裡的月光。來家庭訪問的兩名老師。藏在天花板上的淳君的頭。

我不想刻意去找理由。連我自己也不知道這些事情到底是怎麼樣被連結起來的，但總之，就像眼前簌簌的風沙畫面，在我壞掉的腦裡，這些因素全被一條繩索給串連了起來，而在這條癲狂思路的繩索終點，巍然矗立著塗了水藍色油漆的國中正門。

淳君的頭，不要埋進外婆的菜園，擺在我去的學校正門口吧？這個解答不管怎麼想都是最糟糕的「錯誤」答案，但反而對當時的我來說，卻是最正確的「最佳解答」。

夜風撩撥著我。我笑了。從床上爬起來，打開燈，從床底下抽屜的後頭取出我幹下

21 Edward W. Furlong，一九七七—，美國演員。
22 T. Ryder Smith，一九五八—，美國演員。

一連串犯行時用過的手套。我戴上手套，從衣櫥裡的櫃中拿出全新的圖畫紙跟紅色及黑色的油性麥克筆，擺在書桌上。我在第一張圖畫紙上模仿美國連續殺人魔「**黃道十二宮殺手**[23]」的宣言，寫下了聲明稿。我刻意改變筆跡，但又想讓字體有點特徵，於是故意把字寫得方方角角的，沒想到這字體後來立了功，從此「有稜有角的紅色字體」便成為我犯下的事件中極具象徵性的視覺特徵。我在信尾署名「殺死學校的酒鬼薔薇」，並在旁畫上結合了納粹鉤十字跟黃道十二宮殺手的圓十字徽而組成的標誌。我把第一張圖畫紙摺成四摺，再用另一張圖畫紙包起來，外面的紙上也署名「酒鬼薔薇聖斗」，並畫上代表標誌。

「酒鬼薔薇聖斗」是我在一天到晚殺貓的小學六年級時，畫來消遣的漫畫中的一個角色。在我漫畫裡的「酒鬼薔薇聖斗」是個剃成了明治初期三分頭髮型，瞳孔沒有顏色、眉毛稀疏、嘴角揚著一抹冷酷微笑，像個塑膠人偶一樣沒血沒肉的人。他把半夜聚集在學校試膽的學生全用一把奇形怪狀的斧頭陸陸續續砍死，是一篇像B級恐怖電影一樣的漫畫。

我還畫了其他類似的角色，像是「翡翠魔弧」。這個角色的瞳孔也沒有顏色，齊肩長髮中分，臉上跟日本人偶一樣面無表情。翡翠魔弧是個被欺負的科學天才小子，發明了乍看之下很普通但其實可以大量殺人的兵器。只要打開書包，便會飛出許多機器手臂，手臂前端裝載了機關槍、火焰噴射器、飛彈跟雷射槍等武器。書包底下則配備了噴射引擎，讓書包可以飛。翡翠魔弧就背著這個書包武器，殺光那些欺負他的臭屁孩團體，但他還是不滿足，於是更到處破壞名為「學校」的建築物。

當時畫完這些漫畫後，我還是一直在漫畫簿上畫這兩個角色的正臉，直到被逮捕前。也許這兩個角色正是我在犯案當時，投射了自己殺人與破壞衝動、願望的自畫像。

我在戰帖上署名前猶豫了一下，不曉得該用「翡翠魔弧」還是「酒鬼薔薇聖斗」，後來按照這兩個角色的漫畫特色跟自己接著要採取的行動，決定使用「酒鬼薔薇聖斗」這名字。我覺得這名字比較合適。如果當時我用了「翡翠魔弧」，那神戶連續兒童殺傷事件的別名便會被叫作「翡翠魔弧事件」了。

出門時，如果從玄關出去會太危險。這屋子的木梯已經老朽，每踏出一步便會發出嘶啞的噪音，搞不好會把父母親吵醒。看來只好從房間的窗戶直接跳到院子裡了。

忽然一陣強風吹來，窗簾邊緣猛然鼓脹成大大的葉片一樣。這六疊榻榻米大的房間

23 Zodiac Killer，一名於一九六〇年代晚期在美國加州北部犯下多起兇案的連續殺人犯。

就是我的小宇宙，我之「鼓脹」的世界。而這決然沒有對外開放的密閉內界裡，忽然出現了一個來自外界的處女膜。說來可笑。在這極端的內界之顛，我卻看見了通往外界的入口。

我雙手抓開鼓成了葉片的窗簾邊，撕裂外界的處女膜，縱身躍進暗夜之中。

天空有些濛霧，白月暈微。我搖搖晃晃踩著腳踏車飛馳，邊哼著電影《伴我同行》的主題曲，心情快活無比。《伴我同行》——四名心底各有隱痛的少年沿著鐵軌「尋找屍體」之旅。純真、酸楚、美好而永遠的少年電影。一部會令所有人想起自己已然遠去的少年時代的名片中之名片。我非常喜歡這部片，英文課時曾經要我們全班合唱主題曲，只有在那時候，我也很主動參加。

我把「屍體」放在腳踏車前籃裡，沿著瘋狂的思路軌道奔馳，邁向我一個人的《伴我同行》。我的胸口怦怦地跳。這任誰都不看一眼、醜惡、畏葸、透明的一隻蟲螻，就即將要顛覆這個世界了。

我抵達正門，把腳踏車停在門口，從塑膠袋裡拿出淳君的頭，考慮該把頭放在哪裡。

水藍色的正門正中央？還是塗白的牆壁上那刻有國中校名的校名牌正下方？考慮很久後，我把頭擺在校門口正中央，退後兩三步，確認一下看起來的情況。

那一瞬間，聲響從我的世界裡消失了。

感覺全世界都在昏睡，只有我獨醒。

地面。

頭部。

門。

圍牆。

圍牆後矗立的校舍。

所有元素好像從以前就在那裡一樣，一點也不突兀地互相諧和，彼此協調。感覺就像是一幅畫、一部電影中的場景。

校舍在月光朦朧的暗夜中隱隱顯現出了輪廓。高掛在校舍正面牆壁的上方正中央，一個被月桂葉圍起的「中」字校徽。那校徽看在我眼裡，就像是**雷東**[24]所畫的《獨眼巨人》的眼珠。

我的視線移到了校徽下方，看見了正面玄關的玻璃門。沒錯，就是這巨大的獨眼怪

24 Odilon Redon，一八四〇—一九一六，十九世紀末法國象徵主義代表畫家。

一次又一次把我要弄般地從嘴裡吞了又吐、吐了又吞、吞了又吐。這建築物是我憎惡的結晶，是一直排斥我的那個世界的象徵。

但這激烈的憎惡跟憤怒，如今已然從我掌控下的黑夜中溶解出去，消失得一乾二淨了。此刻包圍我的這暗夜，是只屬於我這能讓世界按照心意運轉之人的漆黑校園。至今為止飽嘗過的各種屈辱，已經都被這暗夜的溫柔給擊潰，我再也不用畏懼了，這建築物裡已經沒有任何能夠威脅我的東西。曾經那樣威嚇我、那樣牢不可破的獨眼怪，現在也在我潰堤的精神化成的暗夜怒濤中，被沖毀成無依無靠的幽靈船，再也沒有實體了。

並排在校舍南牆的兩棵海棗樹的樹葉，像把落下的月光篩成光屑一樣靜靜地彼此摩挲。詛咒與祝福交合為一，聚攏在我腳邊那個我深愛得無可自抑的淳君的頭部。我最最憎惡的跟我最最喜愛的，此刻結合成一體，在這我所挑選的舞臺上，我那膨脹得幾近崩裂的對於這世界的恨與愛，沒想到就在此刻正在交尾。

我老實說吧。我覺得那幅光景，很「美」。

月光撕裂了夜霧的薄紗，光尖化為了錐，從這黑夜的團塊中鑿出了此世不可能有的美得令人絕望的光景。

死了也無所謂了。我那麼想。我是為了製造出這光景、看見這光景而誕生到這世界上。一切彷彿都有了回報。

我已經失去了正氣、也失去了狂氣。只剩下濃之又濃的「無感」占據我已然空蕩蕩的肉體。

> 經驗了什麼，我們身上的什麼因而發生變化。就像化學作用一樣。然後我們檢查自己，發現自己所有量度已經都攀升了一級。自己的世界又拓寬了一倍。
>
> ——村上春樹《海邊的卡夫卡》

那時候，我皮膚的內側跟外側已經發生了化學反應，我的「量度」已經無可抗拒地被大幅度改變了。在親眼見識過那種光景之後，不可能再跟別人用一樣的量度看這世界。

我把帶去的挑戰書放在淳君的頭上，跨上腳踏車，離開學校。

回家後，腳踏車停進放腳踏車的地方，我小心翼翼不出聲地把門關上，接著繞到後院從擺放植栽盆的鋁架攀爬到我在二樓的房間窗框，由敞開的窗戶爬進屋內。我把紅萬寶跟打火機從抽屜深處拿出來，身體靠在窗沿上點菸。直到方才還迷迷濛濛的霧已經散去，皎白的下弦月彎成了好大一彎，像張開大口的野獸側臉一樣正吞食著夜晚。

風停了。吐出的紫煙悠悠搖搖往皎白的月筆直上升。那煙也彷彿是已經在這世上完成了使命，自肉體中脫離的我的魂魄。

蒼白時代

我在人生中度過了最殘酷而鮮明季節的「九〇年代」，如果以一句話來說，就是「欠缺身體性」的年代。我是典型九〇年代的小孩。

一九九一年，我小學三年級時泡沫經濟破滅，從此開啟了「失落的十年」。泡沫破是破了，但景氣興旺的餘韻還很濃厚，我或我身邊的人也還沒遭受到現實壓迫，但的確有越來越多人對於以物質利益為優先的競爭社會開始抱持疑問，認為有錢、有物質並不能令人感到幸福，於是在這樣的背景下，新興宗教掀起了一股風潮，各種自我啟發的書賣得很好。

一九九五年，小學六年級時經歷了阪神大地震。雖然我住的地方災情不嚴重，但住在嚴重災區的長田區跟東灘區的父親的兄弟姊妹，房子都倒了。於是以父親的哥哥——我的伯父，一個酒精中毒但手藝很好的工匠——為主，大夥兒在公園裡自己蓋了預鑄屋一起生活。這種事先弄好的房子裡很意外地有水也有電。像這種非常時刻，琉球人非凡的團結真是令人大開眼界。

當父親帶著我去他們住的地方拜訪時，當時眼見的景象至今仍鮮明烙印在我腦海裡。像被丟了原子彈一樣焦土寸寸的瓦礫山、像哥吉拉暴動過後傾圮毀壞的屋子跟斷裂的高速公路。我在這世界末日般的光景前舉足難行，什麼話也說不出來地全身凝結。人們那樣打拚才努力建立、維護起來的生活，這麼輕易就被瓦解了嗎……？

在那之後，不過才兩個月時間，東京地鐵中便發生了地鐵沙林毒氣事件。這是瞄準交通顛峰時段，於好幾條路線上不分對象向乘客噴灑劇烈神經毒劑「沙林」的全球第一樁化武恐怖攻擊。受到提倡末日思想的教祖「麻原彰晃」鼓動，由邪教奧姆真理教所犯下的罪行。

我在第一時間目睹了社會中發生的這兩樁大慘案。身體裡被灌入了巨大的虛無，對往後的思考模式產生了難以言喻的影響。

那麼輕輕鬆鬆地就奪走那麼多條人命，死掉的人只不過是變成了數字而已。

為何而活？

為何存在？

泡沫經濟破滅後，之前一面倒向「物質利益」的價值觀體系正被大幅挑戰的這個時刻，又接連發生了「地震」跟「沙林」這兩大世紀巨變，社會彷彿是被直拳連打左右臉一樣，人心更加快速地由「物質性」移往「精神性」。

那是個染了重病的「蒼白時代」。

父親之淚

七月十二日。

用小巴載我去犯案現場各地進行現場模擬的隔天，我一被帶進偵訊室，前一天氣得對我說：「你回去房裡關啦！」的刑警，訕訕地搔著頭跟我道歉。

「啊~昨天不好意思啦。你早上比較爬不起來吧？那麼一大早把你挖起來到處跑，當然心情不好啦。抱歉啦~」

大概是想重振精神、開始偵訊吧？我也一樣。當然我不是覺得偵訊很好玩，我只是想用自己的話把自己用這雙手幹下的事說清楚，跟著一項一項確認。我覺得這對我來講也是必要的作業。

「不會啊，沒關係。」

我不以為意地回答，於是又若無其事地重開偵訊。

刑警問了我關於藏在房間裡的刀子。他們說，從收押的刀子上測出了跟受害人血液不吻合的血液反應，問我是不是還刺了誰。我完全沒有印象，回說大概是我自己的血或是貓血吧。

他們讓我看照片。父親在我房裡，右手拿著我藏起的刀子、左手指向刀子。當看到那張照片時，我差點受不了。穿著成套紫色運動服的父親手中握著刀，赤紅充血的雙眼看向鏡頭。那表情中看起來好像無限憤懣、又好像無盡悲傷。有必要做到那種程度嗎？為什麼要叫我父親拍那種照片呢？由警察來做就可以了吧？那樣感覺好像我父親是犯人一樣。

偵訊結束後，我被帶回單人房，腦子裡全是父親握著刀子的影像。突然被丟進一個我長年以來把自己泡在裡面、任何人都不得而入的邪惡世界中，父親該有多麼不知所措呢……？

父親對我來講到底算什麼？我閉上眼睛，背靠在單人房的牆上一個人在腦內拉開了金屬絲，一片片拾起關於父親的記憶，把它們全部串成一串，緩緩而細心地組塑起父親的模樣。

父親身高大約一百六十公分。個子雖小但肩膀很寬，體格厚實。稜角分明的臉部正中央是一個鼻梁寬粗、鼻尖滾成了圓形的大鼻子。這鼻子是父親家的特徵，他身為八名兄弟姊妹中的么兒，而他們手足全都長了一模一樣的鼻子。膚色稍微有點黑，只有前額附近有些白髮，像挑染似的。

父親出身於奄美群島西南邊的一個島嶼。我小學四年級跟六年級時曾經各去了一次。我好喜歡父親出生長大的這座小島，從沙灘望出去的海面透明無色，直到十公尺外都清楚得可以望見海底。底下遨遊的魚兒好像在天空中游泳一樣，再往外的海顏色逐漸變深，越來越藍，直到跟天空暈濛濛地融成一色。

我也被帶去父親老家。那裡從很久以前就沒人住了。一踏入荒蕪的小小單層日本家屋，天花板上垂下的胡蜂窩大得跟籃球一樣。從屋頂裂縫中射入了陽光，照在那無數的胡蜂上，只見牠們忙忙碌碌地在精心搭起的表面有如大理石紋路般優美的球形舞臺上，嗡嗡嗡、嗡嗡嗡地拍打翅膀，響起摩托車引擎似的聲音，孜孜營營幹著活。我覺得那棟孕養了生命躍動的胡蜂窩的荒頹老屋，就好像是只剩下心臟還在鼓動的白骨屍體。我馬上就很喜歡父親的老家，跟父親說：「我以後要把房子修好，住在這裡。」

但這個心願已經不可能實現了。自從我被逮捕後，好像有大批媒體湧入那個島上的親戚家。像那麼封閉的鄉下地方，不曉得害他們承受了多少偏見、失去了多少立足之地。那種大家彼此認識、幾乎沒有隱私可言的小島環境中，就算犯罪的人是遠房親戚，也等於是自己被社會判了死刑。而我這玷汙了整個家族名譽的人，已經不被允許再踏上那個小島了。那個島，也是摯愛的外婆出生的故鄉。

父親國中畢業後跟著團體一起去神戶就職，寄居在婚後定居神戶的姊姊家，先在電器工務店裡累積工作經驗後，取得了電力相關資格，進入大企業裡擔任電力技師，負責船舶方面的配電工程。

小時候我去過父親的公司參觀。一個在海邊有很多大工廠的地方，走進裡頭，沒看過的一些機具擺在那裡，發出悶沉的轟隆巨響，讓人覺得好像走進了異世界一樣有點畏懼。在一個類似展場處，有一隻長一．五公尺左右的機器手臂，把柄的地方握著筆，轉軸處像生物一樣靈巧轉動，穩穩地在地上的大紙張上寫下了「創造未來技術」幾個字，行筆端整、筆跡優美。我記得我看了後，真的覺得自己好像搭乘時光機去了不久之後的未來。

父親晚上喜歡喝一杯。他常自己做下酒菜，把魷魚乾剪細在爐子上烤過，然後沾點醬油美乃滋吃。我看他吃得津津有味，有一次也要了一口，結果一放進嘴裡就吐在面紙上了，難吃得要命。

父親還喜歡打高爾夫。我有一次也跟他一起去附近練習場玩，但完全不知道那有什麼好玩的。

他不聽音樂。但有一次電視廣告上播放了比利·喬（Billy Joel）的〈陌生人〉（The Stranger）時，他也說：「這歌不錯耶。」

我小時候鼻炎很嚴重。鼻塞得晚上不能睡覺時，父親時常幫我按摩脖子。當父親那粗壯的手溫柔地按著我的鼻子時，我便會覺得「啊～沒問題了」安心地沉入夢鄉。

聽說我剛生出來、才長出乳牙的時候，常會亂咬東西，父親為了怕我咬了奇怪的東西哽住喉嚨，還乾脆伸出自己的掌心肉讓我咬。我聽母親說起這件事時，真的覺得那很有父親的風格，寡言、堅忍地展現他的愛。

父親的手很靈巧。我小時候他還順便滿足一下週末製作木工的喜好，幫我做了木頭迷你車跟飛機、高達一公尺左右的溜滑梯。

他也很會畫畫。父親心臟不好，我小學三年級左右他曾經入院一週。母親帶我去探病時，父親拿給我一本A４素描本。我打開來，發現裡頭用鉛筆畫了在枝椏上歇息的小鳥、長椅上互擁的情侶等等他從病房看見的窗外風景。父親的筆觸懇切，充滿了感情。我很意外，一方面當然是因為父親畫得太好，一方面也是我沒想到向來憨直得跟個老粗一樣的父親，竟然也有這麼溫柔、纖細地感受世界的另一面。

父親從來不哭。他在我被逮捕後，無論是來鑑識所探望我或去少年院探監，從來只是緊閉雙脣，把手放在哭到崩潰的母親肩膀上，好像一直在默默忍受。

我有生以來第一次看見父親哭泣，是在我最後見到他的那天——二〇〇四年七月底，我從少年院結束感化教育後第一次過生日不久的某個蟬鳴嘹唳的夏夜。

當時我在某個幫助我的民間團體支援下，跟父親兩人在人煙罕至的山中小屋共同度過了兩天。

那幢兩層樓的木造小屋，靜靜地佇立在聽得見小溪潺潺的寧靜杉林中，由一樓跟小一點的二樓空間所組成。一樓是客廳、餐廚跟浴室，二樓有臥室，二樓屋頂上有個木頭天臺。

那一晚，我在小屋二樓的臥房裡把手枕在頭下，全身沉浸在窗外傳來的雪崩般的蟬鳴中時：

「喂～我泡了咖啡唷！」

門外傳來父親喊我的聲音。我打開門，拿著兩個露營時常用的銀色鋼杯的父親站在那裡。

「要不要去屋頂上看看？今天星星很漂亮喔。」

「好啊。」

我接過父親遞出的鋼杯，兩個人去到屋頂天臺。

的確是很美的星空。像從星象儀中看到的一樣，每顆星星的輪廓都好清楚。我跟父親並坐在天臺長椅上，喝著墜落杯中的滿天星斗。

蟬鳴的交響曲以被明月星辰的珠寶點綴得璀璨絢麗的夜空為底，逐漸進入了佳境，把這個夜晚沉沉地撼動。

我好喜歡蟬聲。在經歷一次次蛻殼後才能在地上長出翅膀，但卻只活不過七日的蟬，好像要把自己存在過的餘韻鑿刻在此世的岸邊一樣，用盡了全身細胞，深深品嘗每一次呼吸，瘋狂鳴叫到飛往死亡為止。

我的思緒正遨遊在星屑閃耀與蟬鳴頌曲之際，父親突然開口了：

「噯，A，我也不是說現在，但等你心情安定了一點後，要不要回來家裡住？爸媽都很想陪在你身邊。雖然考慮到受害者的事，我們也沒有立場這麼說，可是爸媽真的想以父母的立場好好保護你，直到你能適應社會、重新站起來為止。你要不要考慮看看？」

我心底明白父親真正的意思。他是不相信我真的重生了，心底有哪個角落還在擔憂我會不會又幹下什麼罪行。雖然說來好笑，但我切身感受到父親這樣的疑慮後其實很開心。至少他理解我這個人裡面有某些可怕的無以名狀的一面，而包含這一面在內，他把我當成「自己的兒子」接納我。

「爸，謝謝。但對不起，雖然很高興，不過我還是比較想一個人生活。我很仔細想過了，要是我們像以前一樣全家和樂融融地圍坐在餐桌旁吃飯時，電視上突然開始播放我的新聞，大家突然一瞬間表情凝結。那種情況實在太難受，我受不了，就算你們受得了，我也受不了。你們在一段距離外的地方好好守護我吧。」

那是我毫無虛假的真心。在毫不相關的他人面前察覺自己是個殺人犯，跟在摯愛的人面前被指出自己幹下的駭人罪行間是天壤之別。父親沉默了好一會兒後終於開口：

「這樣啊？我懂了。那我像這樣有時候來看看你好不好？過一陣子也帶你媽跟你弟弟來。」

「好啊。」

「那就這樣吧，我會跟大家說。可是呀，你不要太勉強。要是撐不下去了，隨時都可以回來。最後還是只有家人才是你的依靠哪。」

「嗯，謝謝。」

「說好囉。」

父親開心地笑了。

我問了父親一件我在意的事。

「對了，我們以前那房子現在怎麼了？」

「噢，那個啊，現在是〇〇在住。」

是母親的妹妹。事件發生時，她在某家知名化妝品公司上班，是三姊妹裡唯一沒結婚的。個頭小小、身形富態，手背上有淺淺凹窩。人很風趣，英文也很好。事件之後，父母跟弟弟們都先去她的公寓避風頭。

阿姨在我小學低年級時一個人去北海道旅行。她好像去了變成觀光勝地的當地看守所玩，買了個附上木牌的手銬回來，當成土產拿來我家。那時我把阿姨買回來的手銬銬在自己手上玩，阿姨笑著說：

「A呀，聽好囉，你要是真的被銬上真的手銬，我們就斷絕血緣關係喔。你記住喔。」

沒想到幾年過後，我真的被銬上了「真的手銬」。真的手銬跟土產完全不一樣，很沉很重很冰冷。我被銬上真的手銬那一瞬間，全身血液好像瞬間流光了一樣……那感覺至今難忘。

但即便我被銬上了真的手銬，阿姨依然沒有跟我斷絕關係。她不知道來了幾次少年院，每次一看到我，便放聲哭泣緊緊抱著我說：「A，對不起、對不起！」我不知道她在道歉什麼？母親的姊姊來時，也是一樣反應。她們到底對我抱持著怎麼樣的感情？該道歉的明明是我，為什麼她們要哭著跟我賠不是……？

我小時候常去阿姨家住上幾天。我一去，阿姨就會點披薩。有時她也會帶我去三宮的地下商店街，去比較特別的天婦羅店裡吃冰淇淋天婦羅或香蕉天婦羅。

小學六年級時，第一次聽到松任谷由實的〈砂之惑星〉也是在去阿姨的公寓玩時。她擁有的那張松任谷由實第二十六張唱片《THE DANCING SUN》裡的第二首曲子就是〈砂之惑星〉。我也跑去買了一模一樣的唱片，在家裡一直反覆聽。

我去阿姨家住時，每次都玩電動玩整晚，不然就看電影。每一次都睡眠不足回家，後來有一次母親就不准我再去阿姨家睡了。雖然我哭著求她：「我一定會準時睡覺！」但結果還是沒打動她的心。

在那個像瘋狂褪去後的空殼一樣不祥的家裡，阿姨是用什麼樣的心情在生活呢？精神不會受影響嗎？

我好想見阿姨……。

但我沒有這麼自私的權利。

我到底做了什麼？

我害其他家人跟親戚受到什麼樣的對待？

雖然家人不怪我，但我難道可以以為自己真的已經「被原諒」了？

我想讓阿姨知道，我真的感謝她。感謝她從前那麼疼我、感謝她在事件後收留無處可去的我們家四個人住進她公寓、感謝她在我被銬上「真正的手銬」之後依然那麼關懷我。謝謝。

回去屋裡後，跟父親一起走下一樓。父親把我手上的鋼杯拿走，走到廚房去，我則走去浴室。

不曉得什麼時候被蚊子叮了的手指，開始發癢，抓呀抓呀之間，心也被搔動了。

我覺得好像有什麼事想問父親。不問不行。

要是蟬沒叫、沒在滿天星斗下啜飲咖啡、沒有來到這個遠離都會的深山桃源鄉、沒被蚊子咬，或許我那晚就不會跟父親提起那些了。或許我也就永永遠遠喪失了說出口的機會。

我在浴室門口轉身，朝著正在廚房洗杯子的父親後背出聲：

「爸。」

父親轉過頭。

「噢，怎麼啦？你先去洗呀。」

「不是啦，那個……」

父親察覺我有話想說，快快把鋼杯洗淨，轉過身來。

「爸，你活到現在，這輩子什麼時候最快樂？」

「當然是你出生那天呀。爸一輩子也不會忘記。你是第一個孩子，你出生那天我高興得都哭了。」

父親緩緩從褲子後的口袋拿出錢包，從裡頭拿出我在國中入學那天穿著制服在家裡後院拍的照片給我看。稍大的藍色學生西裝外套、剛買的還上著漿的筆挺襯衫，土紅色領帶。臉上是一貫的招牌撲克臉。身體感覺好像被一條看不見的線從空中吊著的人偶一樣，毫無重量，很詭譎，不像是穩穩地踏在地上。雖然站得筆直，但全身卻散發出一股拗曲劈岔的不自然氣息。我長得雖然平凡無奇、毫無特徵，但看到照片的人，大概都會覺得有種好像要崩倒的「不平衡的存在感」吧，就像只要再拿掉一個方塊就會垮掉的疊疊樂一樣。

在我看來，把那種帶著不祥氣息的照片像護身符一樣隨身珍藏的父親是那麼地堅強、可憐又令人憐惜。

我開始靜靜地說：

「爸，我們以前五個人真的是很平凡的家庭噢。跟別人家一樣全家外出、慶生什麼的，真的好幸福。如果沒有我、沒有生下我的話。我真的很抱歉。生出我這樣的兒子。」

那是我在事件後第一次當面跟父親道歉。

下一秒，父親的眼神游離，用食指跟大拇指好像掐著眼頭一樣壓抑著、不讓我看見一樣地肩膀開始發抖，噤聲哭了起來。我第一次看見父親掉眼淚。為什麼呢？明明該道歉的人是我，為什麼父親好像自己被生氣一樣地哭了呢？

他一定很苦吧。萬分煎熬。當初明明胸懷大志離開了島嶼，不管受了什麼委屈都忍讓過來，不給人添麻煩，誠實而耿直地活了過來，為什麼只是因為生了一個精神不正常的人，自己整個人生都被毀了，頂著「殺人犯父母」這樣的罵名，失去社會信賴。為什麼自己會遇到這種事？他一定萬分痛苦、懊悔得無法自已吧？

——要是沒生這個大兒子就好了。

他一定這樣想過。可是他不能跟任何人說。父親不是會講這種話的人，所以只有由我來幫他說了。這時候的我，唯一能做的就是代替父親把他藏在胸中對我的負面情感說出口，這是我竭盡所能為他而做的贖罪。

忽然間，小時候的一段幽暗記憶甦醒了。是小學一、二年級的時候。旁邊有個完全不說話的男孩。有一次我忽然不管怎樣都想聽聽這個人的聲音。我想要的不是跟他講話，而是單純只想聽聽他的聲音，好像聽稀有動物的聲音一樣。受到這股衝動所驅使，我幹了至今仍難以相信的行動。我等休息時間一到，帶著童年小孩特有的天使般天真的殘酷，二話不說地就往那個男孩的袖子一抓，一拳往他肚子揍去。那男孩悶哼不吭一聲，抱著肚子就彎下身去。我沒有就此罷手，我又從他領口把他拉起，接著從隱約可以窺見大腿的及膝短褲口一把往他的大腿內側一捏。那孩子臉上浮現痛苦的表情，但完全沒有抵抗，只是靜默地忍受著這莫名其妙、不曉得是怎麼回事的欺侮。一會兒後，男孩左眼中流下了一道淚水。彷彿是在說，就請你以這眼淚代替我的聲音饒了我吧。我覺得好無趣，便放了他，像什麼事都沒有一樣地回去自己座位。那個毫不反擊、一味承受痛苦、拚了命地忍耐的男孩的淚水，跟眼前哭泣的父親的眼淚重疊在一起，讓我百感交集。

說起來，我一直都忽視了父親，讓纖細而善於忍耐的父親好像一顆心被我擰著一樣。我一直以為父親跟我完全沒有共同點，我也不想有。就像父親對我的喜好毫不關心一樣，我也要表現得對他的喜好毫無興趣。

我從來沒有尊敬過他。我一直覺得他只是個唯有認真這點可取的無聊人類而已。我想也沒想過，自己幹下的惡行是怎樣折磨了他。

原本只在前額一帶的白髮已經整頭花白，頭頂一帶的髮量也稀薄了。

我看著眼前這緊握拳頭、吞聲飲泣、肩膀顫抖、低頭像個被責備的孩子一樣早已被人生折磨得不成樣的初老男子，第一次察覺自己的存在是如何傷害了他。當我腦袋裡頭連想也沒想過他的時候，這個人仍舊在被我折磨。在我對他一直以來的不在乎之下，這個人的一顆心就像是一直被我捏著一樣，捏成了內出血。

而只是因為我是「自己的兒子」這麼單純的理由，他就像是一直告訴自己一定要愛我一樣，隨身攜帶我的照片，這如同背負罪愆一樣認真耿直的父親，令我好生哀傷。

新城的天使[25]

七月十三日。

他們給我看了父親照片後的隔天，偵訊時問了我在犯案隔天的五月二十五日的行動。

隔天我因為要把淳君的部分遺體從殺人現場水槽山拿去別處，於是把東西放進黑色塑膠袋後拿下山，回到街區。路上還遇到淳君他們「**友好班**[26]」的女導師。刑警大概已經聽女老師說過了，我一提出，他們馬上翻開就放在桌上的那一年的國小畢業紀念冊，指著照片中的女老師要我確認：「就是這一位嗎？」

在一群老師合拍的團體照中，她的身影出現在一角。身穿粉紅色薄毛衣跟淡藍色牛仔褲。我曾經被那張臉狠狠瞪過。

那是小學六年級我在學校操場鬧事揍了淳君的時候。我狠狠痛毆了他，把他打得嘴巴破掉、鼻子流血、頭上還腫了大包。

放學後，我們班導要我留下來，叫我在教室裡等著，之後便帶著方才提到的那位女老師進來。班導拿了兩張椅子放在我桌子前方。

「老師，坐吧。」

班導請女老師坐下，可是她沒坐，只是睜大滾著淚水赤紅紅的眼睛瞪我，看起來好像很想衝過來揍我。

班導坐了下來，開始說：

「淳君頭都腫囉。你為什麼把他揍成那樣呢？他有怎麼樣嗎？你說吧，我不會生你氣。」

我沒有回答。

女老師開口了：

25 二〇一二年十二月十四日，一名男子闖進了美國康乃狄克州新城的 Sandy Hook 小學，在校園內射殺了二十名孩童及二個成人。事後有人寫了一首歌《新城的天使》（Angels of Newtown）紀念這些早夭的孩子。

26 譯註：特殊班級的一種，淳君是發展遲緩的兒童。

「我還以為你很喜歡淳君？我看過你跟他在外面玩，那時候我還想你真是善良的好孩子，沒想到你居然會打一個連話都不能好好講的小孩子。我絕不能原諒你……我真的很想讓你也嘗嘗你對他做的事……」

她聲音發抖，眼中噙著淚水地這麼說。我不敢直視她那純粹得無以復加的憤怒又憎惡的眼神，低下了頭不講話。

結果我到頭來還是沒解釋到底發生了什麼事，最後班導帶著我去淳君家賠罪。

按下門鈴，淳君的母親出來開門，一開始是班導跟淳君的母親講話，接著換我跟淳君的母親道歉。這時候，淳君忽然從她身後的走廊上踩著節奏有點亂的步伐來到玄關：

「是A啊！」

他好像什麼事也沒發生過似的，依然露出一貫爽朗的笑容喊我的名字，我受不了就哭了。

淳君母親溫柔地摸著他的頭說：

「我們真的很謝謝你們家。你弟弟也常跟淳君玩，大家以後也要好好相處喔。」

這麼跟我說。

回到家後，我痛毆淳君的事好像也傳入了跟淳君要好的三弟耳中，他跑來小小聲地跟我說：

「噯，我聽說你今天揍了淳君？」

我一下子有點心虛，浮浮躁躁地開始狡辯：

「不是啦！是他先惹我的，那個他呀……」

我突然說不出話。三弟大概覺得再問下去的話我也有點可憐，於是像開導一樣地說：

「好啦好啦。不過淳君是我朋友，你不要再這樣了。以後要是有什麼事，你就先跟我說，我再去跟他說。講好了唷！」

那時候三弟的表情我至今還記得。他也沒有怪我，他只是完全不能理解為什麼自己的哥哥會在眾目睽睽之下，毆打自己的好朋友，還把他打到流血、頭腫起來的程度，有點備受打擊。我看到他那難過的樣子也有點悶，覺得還不如直接怪我算了。

我在警方偵訊跟精神鑑定時，都一貫堅決否認我跟淳君之間有什麼情感的牽扯，我對他既沒有憎惡也沒有愛情。

人總是要抱持著祕密才能活下去不是嗎？那是在自己心裡的一處避難所，不管怎樣被追殺，只要逃進去就不用害怕了。就算身體的自由被剝奪，在那個任何人都不能侵入的祕密裡，人可以自在奔跑。

發生在我跟淳君之間的事。那是我不想讓任何人進來的祕密花園。我在花園四周築起了圍柵，不允許任何人進入。

就算是把我當成從本質上異常的凶惡殺人犯我也決不退讓，我不想要任何人知道。唯有這祕密，是我內心無論墜落到多深的深淵也要守護的聖地。

淳君那可愛的身影，至今彷彿還活生生地就在我眼前。

身高約一百四十公分左右。清爽細柔的栗褐色髮絲上總是反射著光線，像映著一圈天使光環。額頭開闊、皮膚白皙、有點胖嘟嘟，一靠近身旁，就會聞到一股桃子般香甜的味道。眉毛稀疏，杏仁般的大眼中那對瞳孔的色素薄透，清楚呈現著虹彩的模樣。

淳君第一次來我家玩剛好是我外婆過世不久之後。從那時起，我便成為淳君的俘虜。他很快就記住了我的名字，只要一在學校或家裡附近見到我，就會一溜煙跑到我身旁。面對我這個無法好好接納外婆之死，沉溺於扭曲的快樂中放棄哀傷的汙穢之人，淳君總是無條件笑著接納我。只要他在身旁，我便會心情安定。我好喜歡這樣的淳君。

我們在路上碰到時，我時常帶他到我喜歡的水槽山、向畑池、入角池等等地方。

有一次，我跟剛好在附近公園碰到的淳君一起玩躲貓貓。輪到我躲時，我躲進公園樹叢裡，然後偷看他。一開始淳君還很開心地到處找我，之後突然開始不安，放聲哭著喊我的名字。我一瞬間忽然想起了外婆。也是在這個公園裡，我爬到樹梢上想讓外婆看時，外婆擔心得哭著喊「A，快下來！」的身影清楚地躍上記憶的眼簾，跟眼前這個哭喊我名字的淳君身影重疊了。

他完全地接納我。不管我做什麼或不做什麼，他都會喜歡我。可是不曉得怎麼回事，我卻無法接受「自己被接受」這件事。我沒像那時候跑去祖母身邊一樣地衝過去抱緊淳君。我甚至開始厭惡起這個汙穢、醜惡的自己獲得了接納的事實。

那曾經讓我那麼安心愉悅，不管什麼東西都原原本本接受它原貌的如水般的溫柔，那一刻卻讓我深感威脅與混亂。

於是我竟然就那樣趁著淳君沒注意的時候，從樹叢中轉身跑走，把哭喊的他一個人丟在公園裡，自己回家。

我這個人、我的滿身罪孽竟然能夠得到接納與赦免，我感到無比害怕。一直以來，我都被強烈的罪惡感苛責，到最後那竟成了我生存的依靠。我已經罪惡感中毒了。是罪惡感支撐著我的脊背，如果把那抽走我便成了個癱人。接納我就是對我的全盤否定。我無法忍受，那是對我的「褻瀆」。

我想要的是被厭惡、被責怪、被否定、被輕蔑、被強烈的罪惡感而鞭笞得苦悶不已。只有這樣，才能令我感到「活著」。

沒過幾天，我便在學校裡揍了淳君。

我之所以揍他，不是因為他來惹我或說了什麼話讓我不高興。那一天，我正一個人在操場上隨意走著，淳君用他特有的不規則的步伐走過來，拉著我的袖子說：

「吊輪、吊輪。」

滿臉天使般的笑容指著操場角落裡的吊輪，想要我陪他一起去。

——我，被接納了。

到底心理要扭曲成怎樣才會變成那樣？我實在受不了在淳君那雙對這世界毫無有色眼光、完完全全接納眼前所見事物的閃耀著光芒的瞳孔裡，自己也映照在其中。我忽然間感到一股劇烈的恐懼，好像自己要融化消失了、被侵略了，我瘋了似地衝過去，騎在他身上痛揍他一頓。

到底有誰能相信呢？這世上會有人因為自己被接納而深深受傷、會有這麼腐敗、長滿了蛆飛滿了蒼蠅的心？

我害怕淳君。他越美好、越單純，我越覺得卑劣汙穢的自己好像也跟他映照在同一面鏡子上。

我怕淳君。我厭惡在他身上映照出來的我自己。

他太可愛了。我好想他待在我身邊。

淳君無邪的眼神是那麼惹人憐愛，但同時映照在那雙潔美眼神中骯髒而齷齪的自己也令人憎惡得想要殺掉。

在淳君身上反射出來的對於自身的憎惡與恐懼。我想，我想殺掉的，其實是映照在他身上的我自己吧。我在純白的淳君身上，投射了「發黑的自己」。

一條「想抱緊他」的白線。

一條「想把他毀滅」的黑線。

兩根各自穿了黑、白線的針頭往我的心互相穿刺，扎得密密麻麻。

想把淳君眼裡映照的那醜陋的自己給抹去。想把美好的淳君留在我身邊。

兩年後，我在水槽山同時勒死了自己跟淳君。

頭上那片空虛的天空擴散了開來。太陽已經不是太陽、白雲也不是白雲了。

精神狩獵者

七月二十五日。

警方偵訊結束後，我從須磨警署被轉至神戶少年觀護院。我被綁上腰繩跟手銬，要被押進護送車時，配合在場的負責偵訊的刑警跟我說：

「喂，以後不要再殺人了，會養成習慣的。下一次再犯你知道會怎樣吧？」

我沒理他，直接要搭上護送車，這時跟他搭檔偵訊的另一位小眼睛的刑警快步走來，雙手抓著我的肩膀說：

「對不起，沒有早一點抓到你。」

他的聲音好像有痰一樣含糊不清。那是我第一次聽見他說話。我向他微微點了個頭，搭上了護送車。

當天，須磨警署的搜查總部解散。

在車裡搖搖晃晃了差不多三十分鐘後，抵達了神戶少年觀護院。一走出藍色塑膠布搭成的通道，他們拿掉我身上的腰繩跟手銬，接著在觀護院職員的帶領下朝著好像會有蝙蝠飛出來的陰暗窄廊盡頭走去。一走進盡頭的房間，一位表情跟圓空佛一樣和善，大約五十五歲、看起來好像是觀護院院長的人正站在辦公桌後。他問了我的名字跟出生日期後，說明了觀護院的日常流程與規矩等等，接著我便被帶到了單人房。

單人房有三張榻榻米那麼大，最裡頭相當於一張榻榻米的空間，左邊設置了洗手檯、右邊是廁所。廁所外用大約一公尺平方的三合板擋著，然後再用被鋪疊靠在三合板旁好像要撐著一樣。鐵格窗外，有一大片藍塑膠布遮擋。天花板上則裝了一個二十瓦的電燈，燈旁嵌了一塊壓克力板，裡頭是監視器鏡頭。走進單人房的左手邊馬上就是一部電視，電視機旁有張小矮桌可以寫字。面朝房門的左側牆壁上釘了個木製的小書櫃，門上方的牆壁上則內嵌了收音機廣播器。

在觀護院裡，每天早上七點起床，中午前會安排跟臨床心理師或家裁的調查官面談或與律師會面，下午則是命題作文。晚上睡覺前可以看一小時左右的電視，九點關燈就寢。在拘留所的時候也是這樣，電燈不會完全關上，會留一點亮度以便監看單人房裡的情況。在這裡，洗澡也是每週兩次。

我在單人房的時候什麼都不做，跟在拘留所一樣，一直靠在牆壁上瞪著之前關在這間房間的人用原子筆在牆上打發時間的塗鴉。

要說有什麼事很辛苦，就是不能吸菸。那時候我每天都要抽掉一包紅萬寶。當我正一心想著菸時，單人房的房門被好大鏗啷一聲打了開來。

「去抽血！」

是這裡的老大哥。年紀大約四十五歲。

我跟著他到診療室。一走進房間，裡頭還沒準備好。一個帶著無框眼鏡、短髮、看起來好像不太俐落但很穩重的年輕女護士，正在忙忙亂亂擺放著抽血臺上的各種器具。

「坐那裡！」

我在老大哥的指示下在抽血臺前的圓椅上坐下，等待一切就緒。忽然護士手邊不曉得是酒精還什麼藥一濺，彈入了我的左眼，一陣劇痛竄上，感覺好像被熱水燙入了眼睛裡。我趕緊用手按住左眼站了起來，大概是被我突如其來的動作嚇到了，女護士叫了出來，站在身後的老大哥大概以為我要亂來吧，怒吼一聲：

「幹什麼！」

他把我雙手一抓，扭到背後扣住關節。這個人個子不大，但腕力可不小。我兩手雖然被扣著了，但眼睛越來越痛，這時護士也注意到了我眼睛不對勁。

「等一下，好像有什麼跑進（眼睛）去了。」

說著拿起脫脂棉惶恐不安地靠近我。我一副「不要碰我！」地把眼睛猛然一閉，頭低了下去。

「算了算了，等一下再過來重弄好了。」

老大哥說。把雙手依然被扣在身後的我押出了診察室。

回到單人房後，我馬上衝去洗手檯把眼睛洗乾淨。左眼深處好像摸到了跳動的心臟一樣，痛顛顛的。我用毛巾把臉擦乾，一屁股往地上一坐靠著牆壁。

還有點驚魂未定。我下意識把手伸進褲子口袋裡，玩著不可能會有的香菸。

進入八月後，開始了精神鑑定。

在鑑定醫師的期望下，審判暫時停止，與律師及家裁調查官的會面也停了一陣子，把理解我犯案時的精神狀況列為最優先。在那六十天當中，我不斷跟鑑定醫師見面、接受了大量的心理測驗。

第一次見面那天，我被帶到面談室時已經有兩位鑑定醫師在那裡。坐在房間角落摺疊椅上的是一位六十歲左右的老紳士，滿頭白髮後梳，戴著有點倒三角形的眼鏡，身穿鼠灰色西裝。我被要求在椅子上坐下。另一位坐在我桌子對面的則是將近五十歲，身穿襯衫、沒打領帶、西裝褲，一頭亂髮中分。被委託鑑定我精神的好像是坐在角落摺疊椅上的老紳士，但負責與我面談的則是眼前這位老紳士的助手。暫且稱呼他「華生」吧。

「你好，初次見面。」

華生講話時幾乎不動嘴巴，話好像悶在嘴裡講一樣。從跟他初次面對面的那一刻起，我就全身緊繃。他跟我在揍了阿達後兩天的五月十六日起，到被捕前四天的六月二十四日為止所去的兒童諮詢所的職員，或偵查時身經百戰的刑警散發出完全不同的氣質。

優秀的精神分析醫師無疑是個獵人。他們深入患者的精神叢林，尋著他們本性的足跡事先繞到可能逃匿的小徑上設好各種語言圈套，堅定、專注、徐緩地一步步追捕獵物。那種受過了高度訓練、力求看破人心的人所特有的無言壓迫感……。在那一刻之前，我一直有自信不管是誰，只要我想隱瞞的事絕不可能被拆穿。但華生的眼睛，彷彿看穿了我藏在話語背後的真心，令人畏怯。

我當然也可以不配合鑑定，一路沉默到底，但眼前這從未遇過的「勁敵」讓我心底發抖了。興奮得發抖。恐懼瞬間化為了鬥志。

我被一股衝動所驅使。我決定把自己想隱瞞的事隱瞞到底，並動員至此為止我所吸收過的所有關於異常快樂殺人者的知識，把我對於「異常快樂殺人者」的形象灌輸到眼前這個人的腦去。

「形象」、「資訊」跟「話語」，這三項就是我的致命武器。

在我十四歲的那時候，手機還沒普及，就我所知家裡附近接了網路線的只有一戶而已。但「資訊化社會」的浪潮還是急速湧來。我當時雖然沒有自覺，但好像已經是個「資訊狂」了。我沒有手機也沒有網路，但我可以一直坐在電視機前好幾個小時，只要一得空，就跑去書局站著看書。這樣的話，自己想知道的事情都可以知道。不過我的興趣並不寬廣，我不會蒐集太雜的資訊，我對自己沒興趣的領域可以說幾近無知。

這樣的人，通常都會被時代浪潮孤單單地留在原地，但不曉得為什麼，我的觸角好像永遠都能尖尖地抓住每個時代最具象徵性的地方，接著就從抓著的那個尖端往下挖，一路挖到「當代的水脈」。

我很清楚，只要把眼睛像相機的鏡頭一樣縮小，限制視野範圍，就能提高事情的清晰度。所謂「井底之蛙不識大海，但知天空之高」大概就是這麼一回事吧。

生活在網路社會裡的我們，平常呼吸的「空氣」是由「氧」、「氮」與「資訊」所組成的。我們每呼吸一次，就會吸入與吐出無數的資訊。

如果從「弱肉強食」的觀點來看，這世上只分成了兩種人。一種是「資訊提供者」，另一種則是「資訊接受與分享者」。前者是「強者」，而後者則是「弱者」。

一個人擁有什麼樣的資訊、能用什麼管道來向他人發信，決定了這個人在社會裡的位置與價值。

沒錢也沒門路的話，就只好把手邊所有能用的都拿來用，把「資訊武裝」起來。

華生向我做完簡單的自我介紹後，劈頭就問：

「你要是不想答可以不用回答。不過你在自慰時，腦裡會浮現出什麼影像？」

單刀直入，一句話劈往核心。我內心強烈動搖了。

為什麼？

為什麼他會知道？

他對任何人都先問這個問題嗎？

還是他在跟我見面前就已經猜測我可能在性方面有強烈問題，所以問出來試試？

我當場想從面談室逃跑。這不是個隨便應付一兩下或漫天扯謊就可以躲過的對手。只有斷尾求生這一途了。我決定把我在外婆房裡射精以及我對於淳君所抱持的正反兩種情感隱瞞下來，在不極端扭曲事實的前提下，說出一個我設定的「史上最年輕連續殺人犯」的故事。

我不能讓他一下子就看透我。這是我對於這位闖進我精神叢林裡的孤獨狩獵者的「禮數」。

我盡量裝得平靜，不讓他們發現我心裡動搖，

「我想像把人殺了後把身體肢體、吃掉內臟的樣子。」

華生快速瞥了一眼後面的老紳士，兩人交換了眼神。果然，一開始的問題是用猜的沒錯。事實上，他們馬上就說：

「第一個問題已經把握了事件的九成情況。」

在關於我跟淳君之間的情緒交流上，不管他怎麼問：

「你真的不在乎對象是誰？」

「就算不是淳君，你也會幹到那個地步嗎？」

不管他怎麼套話，我只是一味堅稱「真的什麼都沒有」。那種一路否認到底的態度，好像反而讓他們更深信我跟淳君之間真的有什麼。

在性偏差方面，我真的很討厭這個話題，因為只要一提起，我就會想起外婆的臉。我對於華生雖然畏懼，但同時也對他抱持個人的「好感」。「分析」人的精神、加以「分門別類」雖然是他的工作，可是他追求的好像不在於「理解」，而在於與「自己所不能理解的」相遇。

我在他身上，聞到了與自己相同的「古怪探索者」的味道。不管是我或是他，就某種層面上來說都是忠於自己的「快樂」的人。

「快樂」是什麼？

大藪春彥在其《野獸應死》一書中，這麼提到快樂：

在極盡現世所能的快樂之後，當在此世已找不到快樂的「時刻」一來，所剩的就只有把嘴唇移開人生冷杯，朝心臟猛然一射，回歸出生之時的虛無。

對他來說，快樂不是只在酒池肉林裡。朝著帆布用力拋擲顏料也能得到肉體的快樂，帶著一條毯子、一把鹽、香菸跟槍，朝著追捕的獵物而去，在冰冽凍骨的荒野裡連跋涉上幾個月，也能令他得到快樂。
快樂無非就是生命的充實感，除此之外還能是什麼呢？

——大藪春彥《野獸應死》

還有什麼比這更完美地描述了「快樂的定義」？

不管是誰，就算是被當成「聖人」尊崇的歷史偉人，他們其實也不過是被豢養在自己的快樂裡而已，不是嗎？

印度建國之父——甘地。

十三歲娶妻後便沉溺於性上癮的愉悅中，成日享受性的歡愉，連自己父親的最後一面也沒見到。

但在三十六歲的某一天，他忽然覺得「再這樣子下去不行」，於是決定禁欲，之後再也沒有碰他老婆一根指頭，澈底過著禁欲生活。

要一個性欲旺盛的男人「不要射精」，等於是要他忍耐地獄般的痛苦。雖然大家都覺得甘地擁有超乎常人的意志力，但他其實只不過是藉由「壓抑」湧上的性衝動，得到超乎「解放」性欲的肉體快感而已，對吧？如果從某種層面上來說，他根本是個澈底的被虐狂。

至於什麼非暴力、不服從的，講這些好聽話之前，其實「壓抑」滿腔的憤怒反而比性更讓他覺得「舒暢」吧？

二十世紀最偉大的領袖——古巴革命英雄「紅色基督」切・格瓦拉[27]。

被約翰・藍儂讚譽為「全球最酷的男人」的這位野性聖戰士，在革命成功後，也沒人要求他，他卻把名譽跟地位當成垃圾一樣一扔，重新以戰士的身分回到戰場，終於成就了神話。

切・格瓦拉宣稱「唯有在激烈戰鬥中才能感到活著」，不管卡斯楚勸他「革命還需要你啊」，不顧生命地一直在前線戰鬥，是個如假包換的戰鬥狂。

對於切・格瓦拉這樣一個從小就苦於氣喘，死亡一直近在身旁的人來說，生與死就像是磁鐵的S極跟N極，彼此相吸。死亡的味道越近，或許他越是沉醉在體內湧上的那股撥開了內臟、鑽出了皮膚的狂烈「生命磁場」中吧？

如果只是因為他們對於一般的酒池肉林不屑一顧，就說他們是至死不屈的聖人，那實在是說得太過頭了。不管再怎麼保守評估，他們都是嚴重的「大變態」。

27 Che Guevara，一九二八—一九六七，古巴共產黨的主要締創者及領導人。

人有多少種，快樂的種類就有多少種。負責鑑定我精神狀態的華生，我不由得覺得他也是在深入一個人的精神叢林中，藉由捕抓裡頭潛藏的「異常心理」這項獵物，在捕抓的過程，得到了無上快樂的一種「變態」。

我喜歡他的這個地方。

咆哮

精神鑑定過了一個月後的九月中旬。

中午過後，房門突然打開了。可是那一天沒有鑑定面談的行程。

「有人來看你。」

是大鼻子。四十歲出頭。他平常會跟我說誰來面會，可是那一天不曉得為什麼沒說。

我被大鼻子帶著，去了小而美的會面室。

沒想到父親跟母親就並坐在正方形桌子對面的兩張摺疊椅上。

我很意外，直覺大概不曉得是哪個對於我怎麼問都沒有情緒反應的現況感到焦躁的人，想藉這種方法釣出我最本能的感覺。是家裁的人嗎？還是鑑定人？

精神鑑定開始後，我就盡力壓低情緒反應，不讓別人看出來。我把所有精神都集中在自我控制上，沒想到自己的弱點卻在這種情況下被一刀擊中。

大鼻子要我在椅子上坐下。我刻意看著桌子上的一點，避免跟母親眼神接觸。

母親含淚開始斷斷續續地說：

「A，你身體怎麼樣？怎麼感覺好像又瘦了？你有吃飯嗎？」

跟在家裡時一樣。母親溫柔關懷的話語跟表情讓我心頭一酸。

我低下頭去咬緊牙，但終於還是忍不住了，一回神時，淚腺早已變成機關槍一樣拚命射擊淚彈。

接下來父親也開口了：

「A，聽好了，我只有這件事要跟你講。不管發生什麼事，你永遠都是我跟你媽的兒子，所以……」

我像屁股被圖釘刺到了一樣猛地從椅子上彈起，打斷了父親的話。雙手撐在桌上用力瞪著母親，口水直噴大吼：

「我明明說我不想看到妳！妳來幹嘛！」

我的話是針對母親，視野中完全沒有父親的存在。那聲音像撕裂般尖厲，好像不是出自我的身體。我從來沒有像那麼大聲咆哮過，那是我有生以來第一次聽見自己的怒吼。

母親像看見別人孩子一樣詫異得闔不上嘴，那是她第一次目睹我失控爆炸。

我也被我自己的話嚇到了。

——為什麼？為什麼這麼說？

獰視著母親的眼睛中，開始像斷了線的珍珠一樣瘋狂湧出大滴淚珠，一顆又一顆。好像在這十四年來一直在我體內落雨的淚水一口氣全竄出了體表，我都差點懷疑自己臉龐下是不是已經變成了瀑布。

母親發抖的手惶惶恐恐地向我遞來一條手帕。

我一把抓過，扔向她的臉。

「不要啦！」

扔在母親臉上的手帕輕飄飄地掉到地上。母親錯愕過度，連撿都忘了要撿，她嘴唇一直發抖，但又覺得好像應該要說什麼一樣，拚命擠出了一點聲音：

「因……為我擔心你……」

我打斷她的話，給了她最後一擊：

「回去啦！母豬！」

說完人就像沒電一樣，往後面的椅子一癱，雙手下垂，像被電椅處刑的人一樣頭無力地垂著。我張開的眼睛中已經盈滿了淚水，世界早已被淹沒在淚海中。

大鼻子走向我，從後面把手插入我兩腋下，將我整個人拉起，接著我就那樣被拖出了會談室。

回房間的路上，在走廊上遇見了家裁的三位調查官。

——果然是你們。

他們裝傻地跟我點了一下頭，我覷了他們一眼，回去我房間。

回房後，馬上在洗手檯洗臉，努力抹去臉上的淚痕。

我從來沒有那樣大吼過，聲帶有種灼傷般的辣疼。

拿起毛巾把臉擦乾，冷靜下來後，心口上有顆黑點迅速擴大。

我對母親放聲怒吼的聲音在自己心中迴盪。

我到底是跟母親說了什麼……母親流淚的臉龐跟畏懼的眼神徘徊在我腦海。

跟父母見面後第二天晚上，我在觀護院的日誌上寫了一句：

「我想跟母親道歉。」

就這麼交了出去。沒一會兒，當天值班的大鼻子看了日誌後走來單人房門口：

「喂，你來一下。」

他喊我。

「你想跟你母親見面嗎？」

「嗯。」

「有辦法好好說話嗎？」

「我想跟她道歉而已，我不會再亂吼了。」

「好吧，那我幫你聯絡。不過你也該吃飯了吧？你再不吃飯會被吊點滴喔，不想要吧？」

母親來會晤之後，我就沒進食了。

「道歉完後，我就會吃。」

我一說完，大鼻子馬上否決。

「不行，你明天早上先吃飯後我才會跟你母親聯絡。這是條件！」

我點點頭，隔天早上開始吃飯。

跟母親吼過後第三天的中午前，大鼻子來到單人房前跟我說：

「喂，你母親今天下午好像可以來喔。太好了。是說見面前好歹把鬍子刮一刮吧？」

我先前講過，我那陣子很討厭照鏡子，所以也沒刮鬍子。

「不要，這樣就好了。」

這一次大鼻子沒說什麼條件不條件的，他只是輕輕嘆口氣不太能認同的樣子，然後就回去職員備勤室。

那天是洗澡的日子。通常在中午過後，等其他少年都洗完後（通常會兩、三個人一起洗）再讓我個別沐浴，不過那天不曉得是大鼻子特別幫我安排還怎樣，總之午餐前他就帶了另一個頭髮短短、只有頭頂中間稍長的年輕職員一起來，領我去洗澡。我正在洗澡間時，大鬍子捲著褲管走了進來，站在我後面說：

「臉上弄點泡泡，我幫你刮鬍子。」

他右手拿著商務旅館常見的那種拋棄式T字刮鬍刀。我極度厭惡別人跟我有肢體接觸，雖然很想拒絕，但他的態度好像不容我說不一樣，無奈之下只好放棄。

「我自己刮。」

我接過大鼻子手上的T字刮鬍刀，在臉上沾了肥皂，用左手確認鬍子的觸感，一邊拿著刮鬍刀笨拙地刮自己的鬍子。大概是因為不習慣，還稍微削掉了下巴上一塊皮。

洗完了澡，回去房間，吃掉已經放在桌上的午餐，刷了牙，等著跟母親見面。

——她會不會還在生氣？她會原諒我嗎？

我心神不寧，很想趕快跟母親道歉。

過了大約三十分鐘，大鬍子來接我。我跟著他一起去到三天前跟母親咆哮的會面室。好漫長的三天。

跟上次一樣，母親今天也坐在桌子對面的椅子上，桌子上放著一個念珠手環。母親的表情中，帶著一抹無言的憂怯。

——她在怕我。

這讓我非常難受。

我在母親對面坐下，哭著跟她道歉：

「對不起，我說了那麼難聽的話，我真的很抱歉。」

母親也掉下了眼淚。她摀住嘴，頭左右擺動好像要叫我別在意一樣，接著又怯生生地對我遞出了手帕。這一次我輕輕接過，擦掉臉上的淚水。母親說：

「沒關係，我很高興。好像第一次看見你那麼直接發洩。」

不是！不是這樣！那不是我的本意。

沉默了半晌，我決定跟她說一件我無論如何希望她知道的事。

「媽，我跟妳說，我病了。所以我變成這樣不是妳的錯，也不是任何人的錯，妳千萬不要自責。」

母親追問：

「病？什麼病？你很好啊！你就是個溫柔、怯弱的好孩子，媽現在還是這麼想。你怎麼不早一點跟媽說呢？如果你有煩惱的話，媽想盡了辦法都會幫你，你怎麼不早說呢？」

我輕輕回一句：

「有些事，還是不要知道的好。」

母親杏眼圓睜說：

「A！你在說什麼！怎麼可能會有不想知道自己孩子有什麼事的父母？不知道比較好？怎麼可能……」

母親說完便趴在桌上嗚咽。我不曉得應該說什麼話。

等母親哭完。我指著桌上的念珠試著轉移話題，問她說：

「怎麼有這念珠？」

母親擦著眼淚，一邊抬頭回我：

「噢，那個啊？你前一陣子不是吵著說想要嗎？說想去幫你外婆掃墓……我剛突然想起，臨時跑去買。」

我在被抓前的兩週，一直纏著我母親要念珠。不曉得是不是預感到自己即將被捕，我想去跟外婆告別。還是說我想懺悔、洗去自己的渾身罪孽？老實說，我現在也不曉得，結果我還沒去外婆的墳墓掃墓，就被抓了。

跟母親的面會只有短短十五分鐘就結束。母親暫時把念珠交給大鼻子，雖然我很想留著她遞給我的那條手帕，可是沒被允許。

回到了單人房後，大鼻子在關門前跟我說：

「有講上話真是太好了。心情有沒有爽快一點？」

我輕輕點頭。大鼻子也輕輕點了一下頭，就把門上鎖，回去職員備勤室。

又過了一會兒後，大鼻子回來我的單人房前，把母親留下的念珠交給我。半透明的紫藤色塑膠珠串上，連著一片裡頭畫了觀音菩薩跟蹲在腳邊的一隻狗的透明飾片。狗是我的生肖。雖然是便宜貨，可是設計得很精緻，在透明飾片中用細線勾勒出的觀音菩薩跟小狗，從正面看是金色的，從反面看則是銀色的。我就這麼轉來轉去，金、銀、金、銀地凝望著這片封藏了觀音菩薩的飾片，思緒飄回到三年前。

那是小學五年級的時候，我因為盲腸手術入院三天。以時間來講，正好是外婆去世後，我背著家人躲在她房裡進行悖德儀式的時期。

某一晚，肚子突然被劇痛襲擊，我翻來覆去完全無法入睡。母親聽見了我的呻吟進房查看，以為我只是單純的肚子痛，便把塞了暖暖包的護腰圍在我腰上。不曉得是不是那處理方式不好，肚子更痛了，到最後連抬起上半身的力氣都沒有。

——我一定是遭天譴了，這一定是祖母在懲罰我。

我是真的那麼想。肉體上有肚子痛、精神上有罪惡感，在雙面夾殺下我開始哭了起來。母親又來房裡查看，終於發現我的樣子不對勁，趕緊把爬不起來的我背起來，背到車子後座，驅車前往夜間急診醫院。

把車子停在醫院停車場後，母親又背著我衝向急診室。他們讓我在檢查室的床上躺下，手上戴了乳膠薄手套的醫生，在指尖上塗上軟膏就伸手往我肛門插。瞬時一股劇痛從肛門衝上腦門，好像有根熾熱的火筷刺進去一樣。

「痛！不要！」

我手腳亂揮，一名大塊頭的中年女護士壓住我。

接著醫生在我肚子上塗滿了涼涼的滑液，開始超音波檢查。醫生向母親說：

「要馬上動手術喔。只是盲腸炎而已，不過發炎得很嚴重，盲腸快爆裂了。」

再差一步，就是腹膜炎。於是他們幫躺在床上的我脫掉衣服、穿上手術衣、搬到擔架床、將麻醉口罩摀著我的嘴巴。麻醉生效了，我失去意識。

當我醒來時，母親的臉龐出現在迷迷濛濛的視野中。她好像陪在旁邊看了我一晚。母親擔心地一直喚我，我看著她的臉，突然開始失控。

「幹嘛啦！這裡是哪裡啦！把我放開！」

我雙手被束帶綁住。聽說麻醉清醒後出現的哭喊失控行為叫作「覺醒時興奮」，比較常出現在年輕人身上。

母親抓著我肩膀說：

「沒事了沒事了！手術結束囉，沒事了。」

「吵死了！快把我扶起來啦！」

一旁的醫生跟護士馬上幫我解開縛住我雙手的束帶，扶我起來。但明明是我怒吼著叫人把我扶起來，我自己又馬上倒了下去，手術的傷口實在是太痛了。我哭個不停，母親一直溫柔地撫摸著我的頭。

後來母親把這件事拿來當成笑話講：

「你那時候根本是因為看見我的臉，一時太安心了吧？」

我假裝不記得，太丟臉了。

但是就像母親說的，沒錯。我在盲腸手術醒來時跟我在觀護院對著她痛罵時，心情是一樣的。我因為看見了她的臉而安心。我對她吼的那些難聽話都不是真心的，我一直想讓她知道這件事。當時母親垂淚的臉龐跟望著我的那雙張皇的眼神我一直沒忘記，一直留在我心上，至今折磨著我。

以前在家的時候，常常跟母親一起在客廳裡看電影。每次一看到好像很好笑的片，我就會叫母親：「妳先不要洗衣服啦，來陪我看電影啦！」我真的好喜歡跟她一起看搞笑片。其實我想看的不是電影，我想看的，是母親在我身旁看搞笑片看到笑開懷的樣子，什麼片其實都無所謂。全世界我最喜歡的，就是母親的笑顏。

只有我跟母親在廚房時，每次我都會問：

「我們三個兄弟裡面妳最喜歡誰？」

母親這時就會伸出食指往嘴前一擺，小聲小聲地說：

「當然是你呀。」

其實母親對我們三兄弟的愛是一樣的。沒有誰多、誰少。她只是要讓我開心而已，我知道。但我想，我其實想成為母親最重視的孩子。為什麼我明明那麼喜歡她笑，卻讓她哭成了那樣呢……？

至今為止，我從來沒有憎恨過母親。當初事件發生後，很多報章雜誌宣稱：「問題出在跟母親的關係上」、「渴求母愛」、「母親要負責任」、「母親真的沒有察覺兒子犯罪嗎？」如果把矛頭針對我，要說什麼我都無所謂，但我實在受不了把責任推到我母親身上。母親是真的沒有發現我的行為，也向來重視我、疼愛我。說什麼我是為了要吸引母親注意或為了要讓母親轉頭看看我，而犯下罪行，這種劇情聽起來好像很簡單明瞭，跟連續劇一樣有趣。但問題是，事實並非如此。大家小時候都會塑造出一個天不知、地不覺，只有自己才知道的祕密世界，同一時間活在兩個截然不同的世界裡。對不尋常的事物感到好奇、對奇怪的東西開始蒐集，難道大家一頭栽進自己的祕密天地時，腦袋裡還會想到父母嗎？當大家沉溺於那個只有自己一個人的絕對封閉、內縮的世界裡，玩著「自己的遊戲」時，眼中還看得見四周嗎？

我認為，凡是冠上了「事件」之名的，無論再微小，都有外人所不能想像的「超私密性」。在事件當下，我腦中連閃也沒閃過母親的臉，直到我被押到須磨警署做筆錄，才第一次想起了母親。因此那事件，澈澈底底從頭到尾都是我在「超私密」下幹下的犯行，跟母親一點瓜葛也沒有。

「我母親只是在表演『母親』這個角色。」

「我母親根本就不把我當人看。」

我在少年院時曾經這麼說過。但我說的是違心之論。大家都想把我母親塑造成一個「壞人」。而我母親也在很多情況中被影射成是事件的元兇，連裁判所也跟少年院要求「要致力於改善母子關係」。在這種情況下，我不知不覺也覺得「要把母親當成壞人」。結果就這樣，我又「再一次」背叛了這位不管承受了周遭多少責難，都一路相信我的母親。

關於我所犯下的事，我最不想被知道的就是我母親了。我沒有自信她在發現後還會把我當成「自己的小孩」繼續愛我。但母親儘管已經知道了我其實是個什麼樣的人、對被害者做了多冷酷的行為，她還是一如以往——不，甚至是超乎以往完完全全接納我的真面目，把我當成她的一部分，繼續愛我。如果只是個「表演母親這個角色的人」才不可能做到這種程度。母親對於我的愛，一絲不假。她相信我，超過我相信她。她愛我，更甚於我愛她。

明明就對我灌注了那麼多母愛、那樣珍惜地撫養我長大，我卻還是只能活成這樣，我對母親真的很抱歉。

我沒有一天不想她。直到現在，我還是最喜歡她。

金、銀、金、銀、金、銀、金、銀……。

我在觀護院的單人房裡，心裡想著母親，手中一直轉動那片畫了觀音菩薩跟小狗的念珠飾片。

一回神，已經是黃昏了。我望向窗外，好像天空剝落後整片黏上去一樣的藍色塑膠布，亮晃晃地反射出房裡的光線。

內嵌在牆壁上的喇叭中流洩出了女子雙人團體帕妃的〈海邊種種〉，開朗輕快的歌聲更令我消沉不已。

審判

一九九七年十月十七日。

神戶家庭裁判所。

在經過六十天的精神鑑定後，那一天宣判了對我的處分。

「喂，A！A！」

法官連續叫了兩次我的名字。我像拉起沉重的鐵門一樣緩緩睜開眼。朦朧的視野裡出現了一張大木桌，木桌另一頭坐了一位白髮、黝黑、眼角下垂，給人沉穩印象，大約五十出頭的男性。他是我案件的審理法官。法官以他獨特的說話方式一字一句好像悶在嘴裡膨脹一樣地說話。

並排在左右兩邊牆壁旁的椅子上，分別坐了五位辯護律師、四名家裁調查官跟兩位精神鑑定醫師。我坐在室內正中央的綠色長沙發上，兩旁分別是老大哥跟大鼻子。就在我身後，坐著我父母親。

我抬起頭來，法官說：

「現在講的是你的事耶，睜開眼睛來好好聽好不好？從法官這邊看過去，你好像在睡覺一樣。」

我不置可否恍惚地望著他的臉。不曉得是不是跟他的聲音有關係，我跟他之間好像有一層透明的薄膜一樣，聲音聽起來模模糊糊的。

老大哥伸出了右拳，擠進我的背跟椅背中間的空隙，左手輕輕按住我的胸板往後壓。

「坐好！」

他硬是幫我調整了姿勢，讓我挺直腰桿，但他的手一抽開我整個人又癱了下去。後來法官說我好像是「脫水縮起來的蔬菜一樣」。真是形容得很貼切，完全就像他所講的。

法官宣判：

「裁定將你移送**醫療少年輔育院**[28]。」

他問我：

「你有沒有什麼話想跟法官說或是想問法官？」

28 譯註：日本少年院底下收容十二歲以上、二十六歲未滿之身心明顯障礙者的機構。

我有氣無力地回：

「沒有。我已經很累了，想趕快結束。」

之後法官又問了我兩、三件事，我像錄音機收錄的說話聲那樣，非常機械式地簡短回答，連我自己都不覺得是我自己在講話。

老大哥跟大鼻子拉著我起來退庭時，我輕輕向父母拋去了一眼。母親手持念珠雙手合掌按在額前，上半身像朝拜一樣地彎倒，胸口靠在膝頭上抽搐。父親擺在雙膝上的手則是緊緊握拳，眼神像要跟我求助一樣。

大鼻子從我身邊走去母親旁邊，蹲下來把手放在她肩上，不曉得跟她講了什麼。

三天後，我坐上了戒護車，從神戶少年觀護院搭了好幾小時車去到東京府中的關東醫療少年輔育院，「鄉下人進了首都了」。

拉上了黑色窗簾的戒護車中，我在全黑的車裡閉眼垂頭，任由頭像個搖頭娃娃一樣，隨著行駛過程中不舒服的震動一下子猛一下子緩地擺動。在出發跟抵達的時候，都有相機的閃光從戒護車窗簾的縫隙中射進來，在路上也聽見了直升機的聲音。

從觀護院的建築物移動到少年院建築物的過程中，我的周圍一直都有藍色塑膠布把我圍起來，所以我看不見外面，也因此不覺得真的在車上移動了那麼遠的距離，反而覺得好像從一棟建築物瞬間移動到另一棟建築物一樣。

在閃光燈亂射下，戒護車抵達了少年院。我走下戒護車，穿過藍色塑膠布搭起的隧道後，觀護院的職員便解開了我身上的腰繩跟手銬，把我移交給已經在少年院入口等候的四名男職員。

被包圍在冰冷沉重空氣裡的這棟建築物，於是成為我荒唐青春的墓碑。

一九九七年十月二十日。這一天，對當事人之外的人來講，「神戶兒童連續傷害事件」已經落幕，而我在鑑定醫生「仍有百分之幾再犯可能性」的結論下，拖著踉踉蹌蹌的步伐，邁向「更生」之路。

第二部

こうべ
れんぞく
じどうさっしょう
じけん

重新站在天空下（二〇〇四年三月十日～四月初）

二〇〇四年三月十日。事件發生後的第七年春天，我結束了六年五個月的少年院生活，重新回到社會。

在主席室被告知停止感化教育之執行核准已經下來了後，我回去脫掉運動服，換上牛仔褲跟薄尼龍夾克，把拖鞋脫掉，穿上運動鞋，拿起只放了最低限度換洗衣物跟日常用品的波士頓包，朝著出口的門走去。

我走得很快，好像被前方的少年院職員催促似地。接著搭上他們準備好的廂型車，離開了關東醫療少年輔育院。

拉上了窗簾以免被看見的廂型車裡，已經有三位男士。

五十歲左右的「豬八戒」、四十五歲左右的「沙悟淨」、三十五歲左右的「悟空」。他們三個人都是東京保護觀察所的保護觀察官，從這一天起，他們會跟著我一起生活三個月。

上了高速公路後，我們在休息站的停車場換搭另一部車，繼續前進。

中午過後，我跟三名觀察官一行四個人住進了東京都內的商務旅館。

我先進房休息，過了一會兒後三人敲門進來。沙悟淨從手上提著的褐色紙袋中拿出一部行動電話，說是讓我今後跟他們聯絡用。我接了過來。接著他又從紙袋裡拿出一本薄的平裝筆記，要我記錄今後的生活，每天寫。我了解後，接過了筆記本。

豬八戒提議：「我們去吃飯吧。」於是四個人離開了房間，搭電梯到一樓與正在大廳等候的兩名女性觀察官會合，六個人一起外出。

在中菜館吃完飯後，我們在路上隨意走了一會兒打發時間。傍晚左右，回到了旅館。我先沖了個澡，然後在床上躺下來的時候，電視新聞正好開始播放我結束感化教育出院的消息。

淳君的父親在不照到臉的情況下，現身記者會場說明了他當時的心境：

「我現在只覺得這一天終於來了。原本就知道他早晚有一天會被釋放，所以我最近看到媒體報導時，也大概覺得這一天快到了。

「要說六年的時間長不長，我個人覺得很短。

「目前我沒有打算見他。如果他真的想道歉，可以用各種方式，不管是什麼方式都好，自己去想。從這一步做起應該是最好的。

「我個人認為事情很難真正告一段落。去年是我兒子的七年忌日，也算是過了一個階段，但真正來講，一輩子都不會結束。不是說受了六年半的矯正教育，這個人的罪就已經贖光了。我希望他一輩子都背著沉重的心靈枷鎖活下去。」

彩香的母親則委託辯護律師在記者會上讀出她的信：

「一方面我很希望相信他真的已經在醫療少年輔育院裡接受了確實的矯正教育，但同時間我也很懷疑，一個行為曾經那麼凶殘的男性有可能在短短六年之間就重拾人性，今後好好在社會上做人嗎？

「就我個人而言，既然這名男性已經決定『要在社會上重新活過』，那麼不管今後將會遭遇多冷酷的人生，都希望他好好活下去。

「至於對我們遺族的道歉，我覺得他今後不要再傷人，不管再怎麼惡戰苦鬥，也要拚命從這冷酷的人生中活下去。

「我絕對不是已經原諒他了。但要是彩花的話，一定也會希望犯罪的人能找回一個人的正氣，改過向善，好好生活。

「現實中的社會絕對不是那麼簡單。應該也不是每一天都風平浪靜。但儘管如此，還是希望他永遠不要放棄做為一個人、不要放棄活著，這樣才是真正跟我們遺族一起承受痛苦吧？

「畢竟我們遺族也是一直在惡戰苦鬥，努力揮開迷霧走出自己的道路。」

律師讀到最後一行時忍不住哽咽。

我連大氣也不敢喘一下地直盯著銀幕。

淳君父親跟彩花母親沉重而凜然的話語在我腦海裡嗡嗡作響。我關掉電視，從床上起身，打開窗戶，抬頭望向已經沒有鐵柵欄的天空，心裡想著受害人的事。

就在這片天空底下，淳君的父親、母親、哥哥以及彩花的母親、父親、哥哥也正在某個地方活著。就在這一刻，這一片跟我一樣的天空底下他們正懷抱著難以想像的苦痛活著，他們是用什麼樣的心情面對今天這個日子的來臨……？

我關上窗，從枕邊的波士頓包裡拿出淳君父親跟彩花母親各自寫的兩本書。那是少年院的人為了讓我每天都思考事件以及受害者的情況，而拿給我的。

我翻到有淳君照片跟有彩花照片的那兩頁，把它們立在床頭桌上，閉上眼睛，合起雙掌祈求他們能夠安息。

從那一天起，大約有一個月時間我都跟著三名觀察官投宿於東京都內各家商務旅館中。他們邊帶著我換地點，邊讓我進行「社會觀摩」。上野的國立西洋美術館、台場、六本木之丘、東京鐵塔、知名的「拔刺地藏尊」高岩寺。

觀察官為了讓我這個缺乏社會經驗、一個人連電車也不會搭、根本不知道到底該左轉還是右轉的人能夠盡早適應社會，真的盡了他們最大的努力。

更生保護設施（二〇〇四年四月初～四月中）

我想在此說明一下少年院的「停止感化教育之執行」流程。

當少年在少年院裡順利接受完了矯正教育，被院方認為「這名少年已經更生了」，少年就可以跟更生保護委員會提出「停止感化教育之執行」出院申請。而更生保護委員會的委員在接到「停止感化教育之執行」出院聲請後，會直接去少年院跟少年會晤，以確認少年是否真的已經順利更生了。會晤之後，如果「合格」了，被認為已經更生的少年就可以出院。「停止感化教育之執行的出院」有點像是在路上練習開車時需要的「臨時駕照」，換句話說，有點像是在社會生活中的「練習上路期」。在這段上路期間，副駕駛座上隨時都會坐著「駕駛教練」。同樣地，在「停止感化教育之執行的出院」期間也必須在「保護觀察官」的指導下，住在固定地方、找到固定工作、隨時都要跟負責的保護觀察官報告自己的生活情況。如果在這段保護觀察期間品行不良、不聽從保護觀察官指導，就會被取消「停止感化教育之執行」，重新回去少年院。但如果生活態度沒問題，社會適應也順利的話，就可以終結保護觀察期，「正式出院」，不再受到強制拘束。我的保護觀察期間是從停止感化教育之執行的出院日的二〇〇四年三月十日起到同年十二月三十一日止，大概是九個月。

一般從少年院出院的少年都會回去父母身邊住。如果父母雙亡或不願意孩子回家，或當地有暴力分子或黑社會可能跟少年連繫，提高少年的再犯率，這時候出了少年院後就會去「更生保護設施」。「更生保護設施」有點像是「少年院或看守所」與「社會」之間的中繼站，會於一定期間內提供剛從少年院或看守所出來、還沒找到住處的人食物與住處，讓這些人能夠安心地準備工作與獨立。

我父母親雖然跟院方提出了要接我回家的申請，但我拒絕了。我想像過太多次，當我們全家五個人圍著餐桌時，突然電視上開始報導我的事件。就算我父母沒關係，我也不覺得我的精神有辦法承受在意識到那件事的情況下，還繼續跟全家一起生活。我也擔心給我的弟弟們帶來難以評估的心理負擔。更怕的是，萬一媒體找來，全家又會被捲入風暴漩渦中。

少年院方面接受了我的想法，開始幫我找願意接納我的更生保護設施。當時幾乎所有設施都以沒辦法應付我的事件、或是萬一被媒體發現我住在那裡時的情況而拒絕了，只有一間，同意「如果是一個月內的短時間」就願意接納。

不過還有一個問題，在那之後我要去哪裡？日本全國各地都有願意提供自己家當成「中途之家」，讓少年院出院者居住、協助他們生活的志工，於是少年院的人找到了一位「Y先生」，問了他後，Y先生同意讓我去住他家。

雖然我覺得既然找到了中途之家，那乾脆直接去那邊，不過中途之家是我最後的堡壘，萬一被媒體找到了，就再也沒有地方去了。因此剛出院的前幾個月，我最好在容易應付突發狀況的東京保護觀察所監督下，住進東京都內的更生設施。等確認沒有問題後，再搬到中途之家，這麼做最保險。

於是在二〇〇四年的四月初，我住進了更生保護設施。

一抵達設施，所長跟所長太太馬上出來迎接，接著稍微帶我們參觀了一下裡頭。食堂裡，有個穿著專門在工地高處作業的人會穿的那種褲管很寬、褲腳縮緊的褲子的人，看起來應該是高空作業員，正在玩手機。這個年輕男人的前方，有四部手機被隨便丟在桌上。

「嘿～唷！」

我一走進食堂，他就跟我打招呼。

「您好。」

我也跟他打招呼。

「這個孩子從今天開始住進來，你再跟他講一下這裡的情況喔。」

所長太太跟我使了個眼色，讓我自我介紹。

「我是XX，今天起麻煩多照顧。」

我說出了觀察官跟我約好使用的假名。

「噢，我伸幸啦！叫我阿伸就好了。幾歲啊？」

他坐在椅子上單手拿著手機，對著站在那裡低頭招呼的我，連自己姓什麼也沒講，只說了名字就問我年紀。

「二十一。」

我沒多想，老實說出。

「哇！比我大兩歲耶！我還以為你比我小一點咧。」

然後他又盯著我的臉問：

「什麼時候出來的？」

突然開始對我起了興趣的樣子，我有不好的預感。

「剛出來不久。」

我覺得不舒服，想趕快離開。觀察官豬八戒好像注意到了，於是插嘴進來：

「你一個人有四、五部手機啊？這樣不會破產？」

「哎唷~全都不能用啦。這邊全都解約了。」

說完後，用下巴指了指放在桌上的四部手機。他一邊跟豬八戒講話，一邊還是偷偷地瞄我，我故意移開眼神。

住進了更生保護設施後，我便開始找工作，因為很想趕快工作，很焦躁。我照著免費求人雜誌上的電話，打了電話給仲介單日臨時工的派遣公司，約好了面試，我抄下了面試時間跟地點。

面試當天，我很早就離開設施，從最近的車站搭電車去仲介公司辦公室。雖然順利抵達了目的站，但問題是我迷路了，最後在面試前五分鐘才趕緊打電話過去。我不好意思說自己迷了路，只好說「我現在就出門」。

「現在……？哈！不用了不用了，沒有時間觀念的人根本不會在一定時間去規定的地方工作，你的面試從你幾點出門就已經開始了。不好意思喔，去找別的機會吧。」

說完啪擦一聲就掛了電話。想當然耳。是我自己缺少社會人最基本的守時觀念。我不曉得該怎麼走回車站，只好打電話麻煩豬八戒來接我。在回程的電車上，我實在覺得自己很沒用，非常消沉，豬八戒看了也只好安慰我「別放在心上啦」。

隔天我又打了電話給其他派遣公司，約好了面試時間。豬八戒不放心，陪著我一起去了公司附近。當天很順利地結束了面試，一回到設施後，當晚馬上接到了安排工作的電話，要我隔天早上八點去派遣公司跟其他臨時工會合，一起去某間要搬辦公室的公司。

隔天早上我出發前往派遣公司。前一天面試我的男性職員說：

「哇，你好早。那你先在那邊的沙發上坐一下，等一下還有兩個人會來。」

他讓我先在辦公室入口的沙發上等。另一名女職員幫我倒了杯茶。

大概十來分鐘吧，一個年輕男人來了。感覺還滿純樸的，頭髮及肩，很清爽，頭上戴了頂毛帽，看起來大概還沒二十歲。

派遣公司的男性職員叫我過去，

「本來還有一個人要來，可是打電話也沒人接，時間快到了，不然你們兩個人先去好了？」

說完他各自遞給我跟毛帽男出勤卡，還有怎麼到達目的地的說明單。我聽他叫毛帽男「建治」。

於是我們也沒自我介紹，就一起走出了辦公室。

接著搭了電車去目的地的辦公大樓。

目的地是一幢五層樓的住商混合建築，門口已經停了一輛貨運公司的貨車。我們搭電梯上了三樓，走出電梯後左轉走到底，那裡站了一個當天的負責人。我們把出勤卡交給他，接過工作服，換好衣服後開始上工。

辦公室大概二十平方公尺左右，正中央堆了很多紙箱，旁邊堆了十幾部包了氣泡紙、輪廓看起來很像映像管電視的電腦螢幕，還有大大小小的各種網路設備堆得滿滿。牆邊有一堆已經摺疊起來綁好的隔間板，可調整高度的辦公椅則全部堆在角落裡。我們要把這些東西統統搬到電梯的門口，交給貨運公司的人，他們再搬到一樓貨車上。從辦公室門口到電梯門口雖然只有差不多五公尺而已，但要搬的東西實在太多了。所以我們開始搬東西，一趟又一趟來回於辦公室與電梯之間。

這是打從我出娘胎以來的第一次勞動。好慘，慘斃了。無論肉體上或精神上，我那時候都是所謂「等待別人下指示的人」，如果別人沒跟我說該怎麼辦，我就會茫然無措。在少年院時，每天都是照著職員的指示按表操課。「沒被指示的事」就是「不可以做的事」。我那時候大概還沒脫離那習性吧，還不能自己一個人思考、判斷跟行動。也就是講得難聽一點，人家說的「沒路用」啦。

正當我手邊沒東西，不曉得該怎麼辦時，

「喂！你杵在那裡幹嘛！快點搬哪！」

怒吼聲飛來。同時間，建治正手腳俐落地忙著。

一開始，我搬映像管電視型的那種笨重螢幕時，因為實在太重了，受不了先放在地上。

「喂——！又在幹嘛啦！不要把東西亂放！」

才剛放下就被罵，建治趕緊過來說：

「這我來搬吧？你去搬那邊的椅子。」

說完就幫我搬。

午休時，他跟我一起去附近超商買便當。

「你腰還好吧？」

他這麼問。我那時候已經累到快虛脫了，連說話的力氣都沒了，好不容易才輕輕點了個頭。

「搬那種箱型的重物時，要搬對角線才比較輕鬆啦。」

他教我搬重物的訣竅。這個人雖然第一眼看起來沒什麼表情，可是可能是個很體貼的人。傍晚工作結束後，現場負責人在我們的出勤卡上寫上工作時數、用印後還給我們。我跟建治又搭著電車回去派遣公司，將出勤表交給早上送我們出門的那位男職員。一會兒後，我就拿到一份放了錢的信封袋。八千多，我第一次靠自己雙手賺到的錢。

隔了三天，下一通交代工作的電話又進來了。「明天會弄髒喔，穿隨便一點。」隔天我去派遣公司的時候，已經有兩名跟我配合的臨時工在那裡。一位是二十出頭歲，貝克漢髮型，身穿格子衫跟故意弄得破破的牛仔褲。另一位大概三十五歲左右，剪了個妹妹頭，氣色看起來不太好，穿著運動服。

「今天你們要去掃大樓。」

說完後，派遣公司的男職員又把出勤卡跟路線說明交給我們。

現場是一棟樓面很寬、四層樓的白色大樓。清掃公司的五個人聚在大樓的玄關抽菸，我們先去那裡，把出勤卡交給負責的男性。

走進大樓後，每一層樓都配置了兩間正方形的防塵室。我站在防塵室外的落地大窗往裡看，昏暗暗的室內擺了好幾張廚房常見的那種大型不鏽鋼業務桌，上頭放了許多棕色瓶藥物跟玻璃量杯，還有看起來應該是醫療相關器材的東西，大概是做醫藥品相關的吧。那一天公司好像沒開，只有我們派遣公司的三個人跟清潔公司的五名員工，此外沒看見半個人。

我們的工作是要打掃包圍著防塵室的整圈迴廊跟介於兩間防塵室之間的中廊。迴廊大概寬兩公尺、一整圈總長一百五十公尺。中廊則是兩公尺寬、長二十五公尺左右。

現場負責人跟我們說明作業順序。

「你們先用掃把跟畚箕把走廊掃乾淨，然後用這個刮鏟把黏著的髒汙刮掉。再來用拖把打蠟，蠟乾了之後，再用打蠟機拋光。打蠟機就是那個，等一下你們要用的時候我會再跟你們解釋。」

說完，用手指了並靠在牆邊的打蠟機。

所謂「打蠟機」就是一種前頭有個大約直徑三十公分的圓刷，用電動旋轉來研磨地板的清潔機器。在長得很像水桶倒掛的機體上方，有根伸縮桿，桿子頂端接了一個T字握把，靠著調整握桿的高度跟施力的大小可以控制機器的前進方向。使用打蠟機有點訣竅，如果只是死用力，機器根本不會往你要去的方向動，還會撞到牆壁。

很湊巧的是我以前在少年院打掃走廊時，用的完全就是跟這同型的打蠟機。少年院裡每週兩次的沐浴日會有「清掃」時間，把摻了清潔劑的水先灑在寬二點五公尺、長約一百公尺的少年院走廊上，再用打蠟機研磨地板，就可以乾乾淨淨去除地板上的頑固髒汙。

我們三個派遣公司的被分派去打掃一樓走廊。上午先用拖把將走廊地板上蠟，接著是休息時間，休息了大約一個小時後回來，蠟剛好乾。

清潔公司的人先教了我們一下怎麼使用打蠟機後，我們就開始作業。我跟二十幾歲的貝克漢一起打磨外圍迴廊，三十幾歲的妹妹頭則負責中間的中廊。貝克漢跟我從同一地點開始反方向作業，用「包抄」的方式往兩頭走。我把打蠟機的電源打開，開始回轉圓刷研磨蠟已經乾掉的地板。當我前進了大概三公尺左右，就聽見後方傳來「叩！碰！」的聲音，回頭一看，貝克漢一直撞到牆壁，完全不能控制打蠟機。我實在看不下去了，乾脆先把自己的關掉，走去他那邊。

「你要把握桿抵在自己肚臍這邊，然後動的時候保持跟身體平行。」

我一邊教，一邊示範給他看。

「哇，你做得很好耶~以前做過嗎？」

我沒理他，把打蠟機還給他，回去自己的負責區。過沒兩三下，又聽見傳來打蠟機撞到牆壁的聲音，感覺他好像不是很用心，不太想幹的樣子。我決定不管他了，專心做自己的，中途一度看了一眼中廊的方向，三十幾歲的妹妹頭進行得很順暢。

我沿著外廊打磨了一圈回到起點時，看見貝克漢那部打蠟機靠在牆壁上，電源關著。大概是去上廁所了吧？

作業結束，從現場負責人手中接過了出勤卡後，因為一直沒看見貝克漢，我就問了負責人他去哪裡，結果原來他做到一半時就說「這我沒辦法」就先閃了。

我跟三十幾歲的妹妹頭一起回去派遣公司，把出勤卡交給派遣公司的男職員，拿到當天的薪水。那一天是六千圓出頭。

接著回去設施洗澡。去吃所長太太做的晚餐，一起在食堂裡吃飯的，還有一位瘦瘦小小上了年紀的男性。

所長太太坐在我對面跟我說：

「噯，你對手繪信有沒有興趣啊？下週有位教手繪信的老師會來上課，你要不要一起參加？」

我跟住在更生保護設施裡的其他人完全沒有接觸，所長太太可能出於關心，想幫我融入四周吧。我不想讓她失望，雖然我其實不太想參加。

「好啊，那我也一起。」

所長太太聽到我這麼說，很開心地笑了：

「太好了～那天一起來吧。」

所長太太外表看來大約五十歲左右，雖然有些豐腴，但眉骨清晰，輪廓分明。她對我的態度很自然，沒有刻意生疏，我對她很有好感。

但可惜最後，我還是沒參加「手繪信教室」。

那一天之後，連續兩天沒工作，我去附近公園慢跑，回到更生保護設施後沖了個澡，正躺在我房裡休息時，觀察官孫悟空、沙悟淨跟豬八戒神色倉皇地走了進來，

「趕快把東西收一收，我們要換地方。」

真是晴天霹靂。我好不容易才習慣了這個更生保護設施，為什麼突然要搬？我問了他們，原來是第一天來時跟我在食堂講過話的，那個看起來很像在工地高空作業的年輕男生，察覺了我可能是「少年A」，在設施裡到處亂講。

——那傢伙。

我想起他一臉滑頭拚命探我底細的樣子，心底一把火都上來了，但氣有何用？我還是只能不爽地開始收拾。

在三名觀察官的陪同下，我們離開了更生保護設施，從最近的車站搭車去霞關站，然後在霞關站附近的商務旅館裡住了一晚。

隔天，我們又搬到保護觀察所緊急幫我們準備的一間東京都裡的週租公寓。那裡離原來的更生保護設施只有六公里，其實不算遠。保護觀察所在同一棟公寓裡租了兩間房間，一間給我使用，另一間給其他三名觀察官輪流睡在那裡，以防不測。他們允許我外出慢跑，所以我每天早上在公寓附近跑一個小時。此外的時間全都關在房裡。

住進週租公寓的第三天傍晚，豬八戒過來說：「你要搬回原來那間更生保護設施了，不過是明天啦。我們聯絡了很多地方，但只有那裡在知道情況之後還願意收。不過現在你要是在那邊碰到了其他人就太危險了，所以請你去住所長夫妻的別屋。我們每天都會去看你，但基本上照顧你的人是所長夫妻。

「還有工作方面，我們幫你安排了，不好意思，你就做我們安排的吧。你住的那家設施附近還有另一間更生保護設施，那邊的所長兼營了別的生意。我們跟他談過，他希望你搬去最後一個地方前可以先在他那裡工作。所以你每天一大早就出門，免得碰到其他人，接著你去打工的地方，做完了再搭電車回來。雖然有點辛苦，但現在就是這種情況。」

我說我明白。隔天早上六點，三位觀察官先陪我去答應要給我工作的那家更生保護設施，跟所長打招呼。那裡不愧還兼營了別的生意，占地遠比我住的那裡大上了一倍。所長跟夫人、兒子夫妻的房子也位於設施裡頭。

打完了招呼後，我們又回到三天前才像逃難般逃出來的那家更生保護設施。

鯨鯊先生與螳螂先生（二〇〇四年四月中～二〇〇四年五月中）

一大早，設施裡其他人的房間還烏漆抹黑的時候，我已經悄悄離開了別屋。搭上電車抵達了最近的車站，走出票閘口，在站前快餐店裡用了早餐。耗了差不多半小時的時間後，我走出店外，一邊走一邊打電話給所長說我現在要過去。走了大約十五分鐘後抵達了設施，我按下電鈴，跟所長打過了招呼，趁著還沒開始上班，先借了掃把跟畚箕開始打掃設施四周。一位遛狗的太太經過時跟我打了聲招呼：

「辛苦啦～」

我沒說話，靜靜點了個頭致意，然後繼續掃地。大約掃了二十分鐘後，所長從玄關出來：

「噯～不用掃了啦，又還沒開始上班。先進來一起喝茶嘛。」

這時候好像應該要說：「好啊，我現在過去。」照著人家說的去做才「對」，但我那時候不知道。

「沒關係，我不渴。」

大家可能會以為我是白痴吧，但我那時候真的就那樣說。所長好像有點不知道怎麼辦，站在那裡用手搔了搔頭，但他也沒有不高興，接著就轉身回去了。我又繼續掃地。

我很怕別人進入我家、我的房間或是我的領域，我也很排斥進入別人的領域。如果對方還知道我的過去那更討厭了，因為就算對方不在乎，我也會在意得坐立難安。我不知道該怎麼說明才好，就是好像電影裡的反派角色在拍攝空檔時也不太會跟其他演員講話，以免失去了那種入戲的感覺。我也一樣。我要永遠繃緊神經來演好「我」這個角色，在我自己的舞臺上。所以我不能走出去、也不能進入別人的領域。我只能活在這極端狹窄的世界之中。窄之又窄，小之又小。我能做我自己的範圍，只有在這個小小的領域中。要是跨出去一步，我就不知自己到底身在何方了，更別說我甚至不知道自己到底有沒有辦法站穩。那實在是太恐怖、恐怖得受不了，無法忍受。

我在掃地時，從馬路另一頭開來了一輛大約一．五噸的無頂平臺小卡車。卡車開進了設施裡，停在所長家門口。從車上下來了兩名男子，按了所長家的門鈴後，所長出來不曉得跟他們講了什麼，過了一會兒後叫我過去：

「喂～A仔——」

他伸出一隻手對我招手，於是我拿著掃把跟畚箕直接走過去。所長把我介紹給這兩名男性，我好像要跟他們一起工作。

站在玄關右邊的是一名四十五歲左右、燙了一頭電棒捲頭、粗厚的脖子上戴了一條金項鍊、眉毛濃密得跟毛毛蟲一樣的男子，

「噢！A仔啊！以後多多關照啦～」

說完像機長一樣給了我一個精神抖擻的敬禮。雖然他人長得有點凶悍，但聲音卻高亢可愛，暫且稱呼他為「鯨鯊先生」吧。

另一位站在玄關左邊、五十出頭、臉上戴著一副有點倒三角形眼鏡的男性也跟著打招呼：

「以後請多多關照。」

聲音小得跟蚊子一樣，人很禮貌地欠了個身。感覺好像不太習慣跟人相處，暫且稱呼他為「螳螂先生」吧。

「嗯好啦，走啦～上車上車！」

招呼這樣也打得差不多了，鯨鯊先生繞到卡車駕駛座去，螳螂先生則打開副駕駛座的門說：

「請。」

要我上車。副駕駛座很大，可以坐三個人，也有三副安全帶。於是我就夾在鯨鯊先生跟螳螂中間的位置上。我望向所長，所長的太太也走出了玄關輕輕跟我們揮手。我對著所長及他太太微微低了個頭，接著卡車就出發了。

工作是清運廢棄物。要到公園跟公寓等地的垃圾場把垃圾搬上車斗，載去廢棄物資源回收處理場丟。一天日薪有七千圓，對我來說算很足夠了。

鯨鯊先生邊開車邊問我：

「A仔，你今年幾歲啦？」

「二十一。」

「咦～～不會吧！你看起來好像高中生耶！」

我低下了頭。

每次回答這種年齡問題，大概都會得到這種反應。那個在更生保護設施裡到處廣播我就是「少年A」的少年，也跟鯨鯊先生一樣反應。每次得到這種反應我就會有點受傷。我絕對不是很娃娃臉的人、身高也不是特別矮，不曉得為什麼就是看起來很幼齒，而且通常會被誤認為比實際年齡小很多歲。雖然大家都客客氣氣說：「哎呀看起來好年輕喔。」但我就是沒辦法照單全收，我就是會敏感地聞到「好年輕喔」這句話背後的那「長得也太幼稚了吧？」的含意。我身上不知道哪裡有種「病態的幼稚」，我想可能是我比別人的成長失衡了很多吧。不曉得是誰說「外表是一個人最外側的內在」，真是說得太好了！一個人的外表真的會出乎意料地展現出一個人的內底。有些事，不是換個髮型或改變穿著就能蒙混過去的。從我身上散發出來的這種異常的「幼稚」氣息，我總覺得跟可能至今依然潛伏在我身上的包括性在內的「病理」脫不了干係。所以我每次被人家一說「你好年輕喔」，我就會很緊張，感覺好像被人看穿了一樣，被指出了潛藏在身上的病。

我們在等紅燈時，一個身穿蘿莉服的中年男子從眼前的斑馬線上走過去。我跟鯨鯊先生、螳螂先生全都看得愣住了，默默轉動脖子，追隨那名男子身影過去。等到信號轉換成綠燈後，鯨鯊先生重新開車，一邊尖著嗓子說：

「喂、喂！你們有沒有看到？剛那是大叔吧？」

螳螂先生不確定地回：

「嗯……是女的吧？有那種大嬸喔。」

「我聽你在亂蓋！他鬍子那邊是青的耶！喂，A仔，你有看見吧？」

鯨鯊先生轉而尋求我認同。我抱持中庸態度說：

「大概是『中間』吧？」

「什麼啦！我不相信！那個人根本一點都不『中間』！」

鯨鯊先生依然說一不二。

沉默了一會兒後，不知道是誰開始嘶嘶竊笑了起來，最後演變成三個人爆笑聲響徹了車內。那是我從離開少年院之後，第一次笑出來的瞬間。我真的好開心，鯨鯊先生跟螳螂先生只是把我當成他們的「夥伴」，自然得不能再自然了。他們沒有一直盯著我也沒有看不起我。我感覺好舒暢，一種跟觀察官在一起時沒有的舒暢。

到了收集地點後，我們三個人下了車，從車斗上拿起塑膠手套跟垃圾長夾開始工作。

鯨鯊先生說：

「看不見裡面的，先用這個垃圾長夾刺進去，不用擔心袋子會破。萬一裡面裝了什麼危險物品還是髒死人的液體就完了。」

「有碰過什麼奇怪的東西嗎？」

「有啊！有一次不知道是哪裡的王八蛋！在黑垃圾袋裡裝滿了大小便耶！那時候要趕著跑別的地方也沒時間確認，結果袋子就在車子上破掉了！哇咧！那簡直是糞海尿海啊！臭死人了……。那味道怎麼洗都洗不掉喔，我超想殺了那王八蛋！」

鯨鯊先生左手捏住自己鼻子，右手拿著垃圾夾在臉前揮來揮去地描述。

「噯，螳螂先生你還記得吧？那件事啊！積了一堆小便啊，是不是氣死人？」

他又尋求螳螂先生附和。看來這個人好像講到最後都一定會尋求別人的認同。螳螂先生已經開始工作了，沒聽見，結果鯨鯊先生也沒放棄，他走到默默工作的螳螂先生身邊，伸手戳了戳他全是骨頭的肩膀，又叫了一次。

「喂～螳螂！你記得吧？那件尿海事件哪？」

螳螂先生停下手，轉頭回：

「噢……那件事喔……」

接著他轉向我，不管鯨鯊先生，壞壞地笑了笑，伸出右手的三根手指說：

「後來啊，我中了樂透，三千……」

鯨鯊先生很錯愕地說：

「還真的帶『屎運』哦？哇咧！那麼少是要幹嘛啦？至少也要中個三億才划算！」

螳螂先生一副莫可奈何的樣子，苦笑著輕輕搖頭，接著又開始工作。鯨鯊先生也開始拿起垃圾長夾一個人念念有詞地刺破一包又一包垃圾袋。我看著他們的做法有樣學樣。

把垃圾搬到車斗上，開車到下一個地點，再把垃圾搬到車斗上，再開到下一個地點。就這樣循環重複。

鯨鯊先生一路上看到什麼人或建築物就會提一下，也會提到自己的經驗，不過明明是他自己提起來的，他還是會一下變得很激動，一直要我跟螳螂先生附和，「對吧對吧？是這樣吧？」我心想這個人的情緒狀況好像不是很穩定，還是不要太刺激他好了，所以唯唯諾諾。但螳螂先生還是會稍微反駁一下。他們兩個人也不會因此開戰，而是你來我往地像雙口相聲一樣。雖然講的話也不是特別好笑，可是他們兩人所展現出來的那種性格讓我看得覺得很逗，我開始喜歡上他們了。

到了中午，三個人去了一間簡餐館，他們固定會在那邊吃飯。進到店裡後我先去上廁所，還沒點餐。回來後，鯨鯊先生跟我說：

「A仔啊，以後先點完菜再去廁所啦。」

「為什麼？」

我問。

「這樣才不用等很久呀，我們三個人一起點的話，店裡的人也比較不會搞混，我們也可以一起吃啊！」

我完全不能理解這種所謂的一般常識。就算等一下，也不過是一、兩分鐘的差別。

叫店裡的人來點兩次餐有什麼關係？而且三個人一定要同時吃嗎？我不能理解。不過我把這當成是他這個人的「規矩」，所以我說：

「好啊，那我下次改。」

這是我這個人很極端的部分。我對喜歡的人，就算他說的話我不太認同，還是會很快接受。我對於喜歡的人根本像忠犬八公那麼順從。所以仔細想想，這世上大概沒有比我更好控制心智的人了。但如果是討厭的人，不管對方說得有多正確，我還是會全盤否定。所以說來，人根本就是情緒動物而已嘛。

吃完了午餐，三個人回去卡車，開車去附近公園休息。午休時間他們固定都在那裡。車子停在公園旁後，鯨鯊先生把椅背整個放下來開始午睡，螳螂先生則到後面車斗開始他的「垃圾山尋寶」。在垃圾中挖寶好像是他的樂趣。我則在公園裡無所事事地散步，邋邋鞦韆打發時間。

就在午休時間快結束，我打算走回車上的時候，忽然聽到一陣尖銳的噪音。

——唧鈴、唧鈴、唧鈴。

我走到卡車附近，看見螳螂先生正在玩他在垃圾山裡發現的電子工作用的圓罩式警報器。

鯨鯊先生也打開車門，從駕駛座上下來：

「喂～你幹嘛啦～是要吵醒誰啦？」

螳螂先生面無愧色，像小孩子一樣天真笑著：

「呵呵，午休時間結束！起來了起來了！」

「螳螂啊，你要把那個帶回家嗎？那種東西要幹嘛啦～」

「防色狼啊。這是防盜警報器耶。」

「防色狼？你以為色狼會襲擊你這種老伯喔？你是以為色狼很閒嗎？」

「哎唷～拜託～誰知道啊，搞不好會碰到女色狼啊～」

「女色狼也會挑人啦！」

螳螂先生又笑了。不知為什麼，望著這兩個人這樣笑笑鬧鬧，我心情就很好。

我們三人坐上車，開始進行下午的工作。在一間大公寓門前的垃圾區把垃圾要放上車子時，突然一個小塑膠袋被風吹走了。我一隻手拿著垃圾夾就衝去追。風一直不停地吹，我追了快十五公尺才把它追到，我心想他們兩個還在等我，轉頭又往卡車的地方衝。因為我們要在規定時間內載去處理場，不然處理場就不收垃圾。

「哇～追到了耶！太感謝啦～」

鯨鯊先生笑著說。我「哈、哈」地上氣不接下氣地喘著：

「不好意思。」

鯨鯊先生又笑了，然後坐上卡車。我也跟著坐上副駕駛座。螳螂先生一臉驚嘆：

「哇，你跑很快耶。」

我不知道要回什麼，有點害臊地低下頭去。

鯨鯊先生一邊開車，一邊有點不好意思地抓了一下頭，

「噯，那個，我說A仔啊。我們這工作髒是很髒啦，也不是年輕人會喜歡的行業，不過我跟你說喔，我對這工作是很自豪的，雖然我也不是因為喜歡才做。不過啊，這工作總要有人做嘛，所以從這方向來看，這工作其實也算對社會有點貢獻。所以我說呀，A仔你就算覺得不合意，至少也做個一年半載的好不好？」

我當然想哪。

——不知道可不可以讓我一直在這裡工作？

我淡淡地想，目前也還沒說究竟什麼時候要搬到保護觀察期結束前最後的擔保人的家。不過感覺應該快了。到時候這邊的工作一定要辭掉嗎？一想到這裡，上班第一天就忍不住鬱悶了起來。

「可以的話，我也很想。」

我這麼回答。鯨鯊先生沒想太多，很高興地說：「噢，那好那好。」他又約我下回有機會去喝兩杯，我說我不會喝酒。既然早知自己有一天要離開，就不要跟人家混太

熟，否則好像太過分了。

一整天的垃圾場都跑完了，我們前往廢棄物資源回收處理場。把卡車停在處理場旁後，鯨鯊先生說：

「你們先在車上等一下。」

接著就把我跟螳螂先生留在車上，自己一個人走進房子裡。過了一會兒後，鯨鯊先生跟五、六名員工出來了，開始把車斗上的垃圾搬走。

我問螳螂先生：

「我們不用下去搬嗎？」

螳螂先生嘟囔著說：

「嗯……不用啦。我們又不知道怎麼分類，去了也只是擾亂而已……」

跟話不多的螳螂先生一起待在密閉的車內空間感覺有點尷尬。螳螂先生可能也察覺了吧，主動找我聊天。通常這樣的人都對別人心裡的想法很敏銳。

「你平常有沒有什麼休閒興趣？」

「興趣嘛……嗯，我現在喜歡慢跑。大概只有這個。」

「噢～慢跑啊……」

又是一陣沉默……

我們兩個人都不太會說話，所以要把話題聊下去是滿難的。我決定先踏出一步。

「那螳螂先生你呢？有什麼興趣嗎？除了『尋寶』之外？」

呃，我為什麼要自己把話題給堵死呢？我為什麼要自己講出「尋寶」這個答案？一說完我就後悔了。

「嗯……噢，我放假的時候喜歡去『健康園地』啦。」

「健康園地？」

這是我第一次聽到這個詞。

「咦，你不知道什麼是『健康園地』嗎？」

螳螂先生有點訝異地轉身過來盯著我看。

「像『醫院』那樣的地方嗎？」

我當時完全不知道自己講出了多丟臉的話。

「呃……不是，該怎麼說，是像把遊樂場跟泡澡區併在一起的地方，既可以玩也可以洗澡，還有岩盤浴喔。」

「岩盤浴？」

「噢，岩盤浴喔？呃該怎麼解釋？就是在一個很大的房間裡，那個地上有鋪布啊，然後你可以躺下來。但不是用水洗喔，那應該算是用蒸氣洗吧？」

「像桑拿那樣？」

「對對，像桑拿。不過比桑拿高級一點。」

我一聽見不懂的事就會馬上問，沒有辦法假裝聽得懂然後繼續扯下去。我無知的情況簡直令人抓狂，但螳螂先生面對我的提問，每一道都很認真地想該怎麼解釋給我聽。那樣子令我很有好感。

正當我跟螳螂先生聊得起勁時，鯨鯊先生回來了。

「幹！那些人搞什麼啦！」

不知道為什麼他已經在生氣了。我跟螳螂先生成了他發洩的對象。

「我跟你們說！剛才搬垃圾的時候，那邊的人拿的垃圾袋破掉了，然後那傢伙就一直說為什麼這袋子上到處是洞啦！一直抱怨耶。我就跟他說那件『尿海事件』，說那時候好險是破在我們車上，如果沒有戳洞確認，到時候破在這裡不是很好笑嘛？結果那王八蛋！說什麼要不然把袋子打開來看嘛！我簡直會被他氣死，我就跟他吼說我們一天要跑多少地方哪，那樣子做還來得及嗎？你說嘛，螳螂，你說我們那樣子的話一天之內收得完嗎？」

螳螂先生摸摸下巴說：「那……不然以後我們改用手摸一下外面確認看看？」

「你幹嘛幫他們說話啦！用手摸是可以摸出什麼啦！麻煩的又不是只有小便而已，

萬一有炸彈怎麼辦？」

鯨鯊先生一激動起來，講話就會很跳躍。我心想有炸彈的話更不能戳吧，不過那時候不是吐槽的好時間。

「喂，A仔！你知道我在說什麼吧？」

他開始尋求我幫腔。我又再度抱持著中立的精神說：

「那不然如果我們盡量在袋子上面的某個地方，集中在那裡戳洞，從洞口檢查呢？」

我小心翼翼地提議，結果矇錯了。

「一個地方怎麼夠啦！那些真的很髒的東西一定都是藏在最下面！我用我的經驗跟你保證！」

我被否決了，於是關上嘴巴。

鯨鯊先生雖然情緒起伏很大，不過只要一把怒氣宣洩掉，馬上就會像沒事人一樣開始講下一個話題。他把討厭的事情丟出去，尋求別人「認同」，這時候如果給了他「意見」或「建議」，他就會反駁回來。在這樣的過程中，他找到了精神平衡。其實我覺得最後一項「反駁」的程序反而可能是最重要的。因為他一開始發洩怒氣時，情緒正在最高點，這時候如果輕輕鬆鬆地就附和他「對呀對呀，就像你講的」反而會讓他覺得不爽，覺得「你根本就沒在聽嘛！」可是如果你全面否定他的想法，他又可能會抓狂，所以回答時，要留一點讓他能「稍微反駁一下」的機會。在這種間奏性釋放怒氣的做法之下，他就能重拾平靜。

我有點覺得，螳螂先生可能已經發現了這點。越是不擅長跟人相處的人，越容易看透人心。可能因為看得太透了，反而不習慣跟人相處吧？

我們把車開到廢棄物處理場的停車場，三個人合力把車斗洗淨。先用水管沖水，再用長柄刷刷乾淨，最後用抹布擦乾後，什麼臭味也沒了，感覺莫名地清爽暢快。

「呼～今天也忙了一天哪。好！回家了！」

把卡車洗得亮晶晶之後，鯨鯊先生的心情已經完全變好。我們上了車，往早上他們去接我的更生保護設施的方向。

「A仔，我聽說你之前生病啊？」

忽然聽見鯨鯊先生丟出這麼一句，我整個人嚇傻了。

——開玩笑吧？他聽說過我的「情況」了嗎？

「我早上去接你時，老大（所長）說你因為生病住院了很久，叫我不要讓你太操。咦，沒有嗎？」

原來是這種「設定」……我一顆心安了下來。雖說「生病住院了很長一段時間」這種說法也沒錯，可是這個話題還是讓我一下子消沉了起來。

「沒關係，已經好了。」

「可是你還是不要太勉強喔。如果不舒服要講喔？可以休息沒問題。」

「嗯，感謝。」

這時候，螳螂先生好像在自言自語一樣。

「我家那個老媽啊，現在也在住院，我看也剩不久了。」

「喂！螳螂，你講那什麼不吉利的話！人家A仔現在才正要開始耶！」

「對喔對喔，抱歉啦。」

螳螂先生跟我道了個歉。我做出「不會」的樣子輕輕搖頭。

回到了更生保護設施後，螳螂先生先下車，讓我能下去。他先打開副駕駛座的門下去，接著是我。

「那明天見啦。明天我一樣時間來接你，好好休息啊！」

鯨鯊先生坐在裡頭的駕駛座喊。

「好，謝謝你！」

站在車門前的螳螂先生說：

「今天辛苦啦，那明天見。」

說完跟我欠身致意。

我也欠了個身說：

「那明天見。」

螳螂先生上了車，卡車才往前開了一下子，突然聽見：

「叭、叭叭叭叭！叭～叭！叭～」

鯨鯊先生一邊輕輕按著喇叭發出節奏，一邊從駕駛座窗戶伸出了右手跟我揮手。我也輕輕揮手。

——A仔，我聽說你之前生病啊？

鯨鯊先生剛說的話，又在腦中響起。

要是知道了我的過去，他們兩個會怎麼想呢？到時候還會把我當成「自己人」嗎？還會再叫我「A仔」嗎？還會跟我解釋什麼是「健康園地」嗎？

望著越行越遠的卡車後頭那已經卸下了所有垃圾、洗淨、變得清清爽爽的車斗，我凝視了許久。

最後住處（二〇〇四年五月中～二〇〇五年一月）

二〇〇四年五月中，我離開了東京。搬到最後一個住處——志工Y先生的家。

我跟觀察官說我想跟一起從事廢棄物回收的鯨鯊先生與螳螂先生見面，直接跟他們道別，但沒被接受。

「我做了雞蛋三明治，你帶在路上吃吧。」

所長太太遞給我一個用方巾包起來的便當盒。我跟她道謝，拿過便當，接著跟所長夫妻兩人欠身致意，便與三名觀察官一起搭上廂型車，離開了這個照顧了我將近一個月的更生保護設施。

差不多中午時，車子停在高速公路停車場，我們四人下車在車前等著，馬上就看到了負責我最後一個住處範圍內的保護觀察所的兩名觀察官朝著我們走來。

兩個人看起來都是四十五歲左右。他們互稱彼此為「次長」跟「課長」。次長皮膚白皙，手腕像大力水手一樣肌肉隆起，課長則相反，皮膚黝黑，身上有著那年齡會有的贅肉，還有一對親切的圓眼睛。

幾位觀察官先交換了名片，接著課長朝著我說：

「你就是A吧？初次見面，你好。」

「是，以後麻煩您了。」

「好吧，跟他們說聲謝，我們走了吧。」

在課長的建議下，我轉向豬八戒、沙悟淨跟孫悟空的方向說：

「這段時間感謝你們的照顧。」

接著彎身致意。

「嗯，你多照顧自己！」

豬八戒說。悟空則舉起手來輕輕揮了揮，做出「那掰啦」的手勢。

接著次長跟課長帶我去他們開來的車子。

「吃過了沒？」

課長的問話讓我猛然想起：

「不好意思，我忘記便當了，我可以去拿嗎？」

「便當？在他們車上嗎？」

「對，我馬上回來。」

「好啊，那你去拿。」

我馬上朝著豬八戒他們的車子狂衝，想趕快拿到所長太太幫我做的便當。我快跑到車子時，悟空打開了後車座的門下來，拿著便當盒。

「這個吧？」

悟空笑著把便當盒遞給我。

「謝謝，不好意思。」

我上氣不接下氣地道了謝，又趕緊拿著便當回到次長跟課長的車那裡。

我先坐上了後車座，接著課長也坐上副駕駛座、次長則坐在駕駛座。接著出發。

「噯，剛才他們不是有個年輕一點的嗎？就是那個，眼睛有點細的那位。一開始我從遠處看見你們時，還以為他是你咧。你跟我接收到的印象差好多啊！」

他說的是悟空。真的有那麼像嗎？我不曉得該回答什麼，只好看著他的臉稍微點了個頭。

「你已經跟Y先生見過啦？」

課長問我。

「是，他來少年院看過我好幾次，跟他夫人一起。」

「這樣呀。他很高興你要來，一直在等你喔。他那個人是有點不拘小節，不過很關照別人。除了你之外，之前也有很多各種情況的人受過他照顧。他那個人沒辦法對人見死不救。所以你要是有什麼問題，就儘管找他商量不用客氣。他太太人也很好，很和善。」

「我知道了，謝謝。」

過了三小時左右，我們抵達的地方是一個離海很近，充滿了大自然跟悠久老街的悠閒地區。風中還聞得到海的味道。

志願當我保證人的志工Y先生家，位於一個高臺上，被包圍在樹木裡，是個很尋常的兩層樓高的瓦片屋頂日式住宅。

玄關的拉門半開著。課長一按下了門鈴便聽見一陣好像企鵝走路一樣的聲音，啪躂啪躂啪地，Y先生走了出來。

「您好，今天開始要麻煩您，要來叨擾您了。」

我跟Y先生打招呼。

「哎呀，你終於來了。等了好久！來吧來吧，快進來進來，不要在那裡站著。」

Y先生請我跟課長、次長進去他家。他太太正在廚房準備壽喜鍋。

「您好，要來麻煩您照顧了。」

我跟Y太太打招呼。

「啊呀，歡迎你！你肚子餓了吧，來來來，趕快坐下，大家不要站著呀。」

她催著我跟兩名觀察官去坐在桌旁，大家一起吃壽喜鍋。

Y先生跟他太太是在完全清楚我的情況下，還願意讓我住進他家。如果沒有他們，我不可能回歸社會。

Y先生人很開朗風趣。是個很珍惜跟人之間任何一點小小緣分的人。除了我之外，他也幫忙過很多有過去的人跟現在面臨困境的人，全部都是無償幫忙。

Y先生的太太則成熟穩重，很安靜，但讓人感受到一股非常堅韌的韌性與堅忍。她很清楚我不擅長與人來往，所以總是站在退一步的地方默默守護。

這兩個人對我沒有壞臉色、也沒有怨言地把我當成自己家人一樣迎回自己家裡。他們兩人不但照顧我吃、照顧我穿，還關懷我今後要怎麼生存、該怎麼贖罪，陪著我煩惱、陪著我想。連我自己都不知道他們到底給了我多少的幫忙與支持。

Y先生為了要讓我盡早習慣當地，帶著我到處跑，還跟他朋友、認識的人介紹說我是他「兒子」。Y先生的朋友們也全都很親切。

我一開始的兩週沒有工作，努力讓自己早點融入新環境裡。

有一次，Y先生因為工作不在家裡，Y太太擔心我無聊還帶我出門去附近的咖啡館。我們圍著一張小小的圓桌，對坐著吃了蛋糕、喝了咖啡。

Y太太很關心社會該如何關懷與支持患有精神疾病的人，所以曾經寫文章投稿去社福雜誌。我們離開咖啡店，回到家後她拿了那篇文章給我看，我很驚訝，她的文章寫得很好。沒有一字一句誇大的表現，誠懇而坦率地傳達出了寫者的想法。過濾掉了所有的不純粹，毫無累贅，澄清而潔淨。她很率直地寫出了她認為要怎麼做才能讓患有心病的人在他們生活的區域裡過得幸福。Y太太的文字中，完全展現出她沉靜而堅毅的性格。

「謝謝你喔，居然還肯看我的文章。」

我讀完後，Y太太這麼說。語氣中溫柔又帶點自負，微笑著說。也許她是用她自己的方法想傳達給我一些什麼吧？

忽然間我覺得，為什麼我沒有生病呢？我幹下了那麼殘忍、完全不會被原諒的罪，卻沒有自殺、沒有瘋狂，每天早上按時起床，洗臉刷牙、刮鬍子、吃飯、上班，長期以來一直過著跟別人一樣的生活。我奪走了別人的生命哪！為什麼我還能這樣活著？我究竟是個什麼樣的人哪……？

有一次，我曾經差點被自己逼到崩潰。

一九九九年八月，我進入關東醫療少年輔育院的第二年夏天。那時我十七歲。

「我有點話想跟你說。」

打開單人房門的教導員看起來比平時嚴肅。我默默點頭，跟著他出去。蟬聲響遍了走廊。我被帶到了會晤室。在房間正中央的桌前與教導員面對面坐下。桌上擺著兩本書。

「你最近對於自己的自省越來越深切，這點老師們都有感受到。我們深入討論過的結果，決定讓你讀一下這兩本書。你還不知道，淳君的父親跟彩花的母親在事件之後都出版了筆記。這兩本書老師已經讀過了，兩本都讀了三次。老師自己也有孩子，真的沒辦法沒有感覺。我哭了很久，老實說這些書對你來講可能是很大的挑戰，但你絕對不能逃避。你可以慢慢讀沒關係，但你一定要讀喔。」

教導員把放在桌上的兩本書輕輕遞給我。我屏住呼吸，收下了書，回去自己房間後一口氣就讀完了。在那之間完全沒有聽見任何周遭的聲音。

讀完後喉頭好渴。我站起來，走到後頭的洗手檯打開水龍頭，用塑膠杯接水。一口氣喝了三杯。

從那一天晚上起，我就夜裡不成眠。一鑽進被窩裡，腦子裡全是犯案的影像一次又一次閃現。哭喊的淳君。彩花看著我的最後的眼神。兩個人的聲音、動作、樣子、味道。失去了頭的淳君。倒臥血泊中的彩花。一切的一切，好像還歷歷在目，只要一伸出手就能碰觸到般地鮮明清晰。

我的精神逐漸垮了。所方給了我安眠藥跟精神作用藥物。我成天穿著睡衣連一步也不踏出房門的日子一直持續。我知道自己正在崩毀。雖然很丟臉、不被允許，但我心底希望自己能這樣壞掉就好了，這樣反而還比較輕鬆。精神已經脆弱至極，完全沒法再承受自己所犯下的那無比沉重的現實。好苦。一切都是自己的錯，不是任何人的錯，除了自己以外沒有任何人應該被責怪。一個人也沒有。而這多麼令自己痛徹心扉，苦得幾乎要發狂。我每呼吸一口氣，就覺得內臟好像在焚燒。

面對我這煎熬醜陋卑齪只想逃進癲狂之海、一了百了的人，少年院的教導員們苦口婆心地一直告訴我：「即使如此，還是得背著罪孽活下去。」在他們幫助下，我慢慢地找回了精神上的安定。

我一心一意只想逃離痛苦。每天像強迫症一樣把房裡所有角落全都打掃得乾乾淨淨、拚命鍛鍊肌肉，專心做完所有院方交代的作業跟應學的事情，默默完成日課，把身體澈底弄累，讓精神完全疲倦，封住所有自己能遁入癲狂樂園的通道。

少年院的人把我這樣的表現評許為「成長」。

成長——。

人在成長時期骨骼會迅速發達，伴隨而來的是身體到處的「成長痛」。同樣地，心靈的成長也會伴隨著「心靈痛」嗎？但沒有「心靈痛」的成長，算得上真正的成長嗎？

我那時候真的已經澈澈底底感受到了自己內心與身體各處爬出來的「痛楚」嗎？我

或許真的完全毫無退縮、直接面對了自己的罪孽與自身嗎？我真的「成長」了嗎？或許我在無意識之間，把身為人的某種重要的機能給停了下來，在最後關卡躲掉了「痛苦」？我是不是好不容易才掌握到了某種東西，卻在最後關卡上丟失了它呢？後來我每天埋頭做完該做的事，真的是因為我已經「成長」了嗎？還是在我自己也沒有察覺的時候，我已經錯過了什麼要緊的事，以錯誤的方式去蒙混過自己應該承受的痛苦……？

有人說「心比較脆弱的人比較容易變成精神病」，真的是這樣嗎？難道不是因直視了生而為人的種種痛苦，所以才發病的嗎？抱持精神問題的人，心靈的肌膚總是比較敏感，所以對於其他人完全不成問題的一丁點小小的刺激，卻會讓他們的心發紅潰爛。

至於我呢，我是哪一種？我是連病也不病就壞了嗎？還是因為我沒有真正面對自己的所作所為，所以我才還沒生病？大概不是前者，就是後者吧。

我為什麼活著？

我為什麼還沒生病？

我是不是已經澈底沒救、完全已經是個完蛋的人呢？

我是否還在逃避？

我真的不知道、真的不知道是哪一種……？

Y太太是個很謹慎的人，除了大白天以外絕不獨自外出。忘了是什麼時候了，有一次附近自治會舉辦音樂會的時候我曾經陪她去參加。那一天Y先生也因為工作不在家，我一個人正在二樓房裡看漫畫時，有人輕輕敲了我房間的紙門。我起身打開，看見Y太太正站在門外，一臉很抱歉地稍微低頭說：

「不好意思，你要是不忙的話，可不可以陪我去某某會館聽自治會的音樂會？外頭已經很暗了，我一個人走會怕。」

我聽見她的話，不由得懷疑自己的耳朵。

——一個人走會怕？那妳跟我一起走在夜路上就不怕了嗎？

老實說吧，我一開始被安排住進Y先生夫妻家時，心中的某個地方的確有這樣的想法。

「因為Y先生已經答應要當我的保證人，Y太太沒辦法只好接受，其實她一點也不想跟我這種凶惡的殺人犯同吃同住吧。」

可是我對她其實根本就不了解。如果她真是用「犯人」的角度來看我，不可能因為自己一個人怕走夜路而要求我陪伴。我想她是把我當作一個人來看、來信任，所以那天晚上才會要我陪她一起去吧？或許這是她以自己的方式來向我傳達出「我相信你」的訊息。

盂蘭盆節連假的時候，Y先生夫妻的兒子、女兒回來了。Y太太把我介紹給她兩個珍愛的孩子。我當時其實不曉得該怎麼辦，連手腳也不曉得該往哪裡擺才好，但Y太太歡喜地幫我跟她兩個孩子說我有些什麼興趣、做什麼工作。如果她真的對我有任何先入為主的成見，不會把我介紹給她的兩個心肝寶貝，也不會提起任何關於我的事。

但Y太太並沒有假裝我的過去並未存在。

在我跟Y太太一起生活的日子裡，有一件印象令我很深刻的事。

二〇〇四年十二月。保護觀察期間只剩不到一個月了，那時關西電視臺播放了一部以事件發生後這七年來淳君家族生活為主的紀錄片。一位擔任支援我的民間團體領袖的關西地區的律師W先生，把節目錄下來寄給我。那時候Y先生跟我說：

「等我下班回來後我們一起看，你不要自己一個人看。」

雖然他那麼說，但我還是覺得那必須是我自己一個人去面對的。所以我沒有遵守約定，下去一樓客廳把寄來的錄影帶放進錄放影機，坐在沙發上，按下了播放鍵。當時Y太太正在客廳旁邊的廚房裡準備晚餐，她看我很難得自己一個人跑了下來，馬上就察覺我打算做什麼。我想她應該知道我跟Y先生約好了要一起看吧，但她也沒有責怪我，只是默默放下了手頭的事走來客廳，然後在距離我右前方六十公分左右的地方，端正地跪坐下來。跟著我一起盯著電視上播放的事件紀錄片。

我跟Y太太從來沒有談過任何關於事件的事。但她並不是轉過頭去不看我的過去，也不是溫情主義式地盲目接納我。她是在清楚了我曾經幹下什麼事、背著什麼樣的罪、知道了所有的事情後，還願意把我當成一個「背負罪孽的人」來接納、包容與陪伴。至今我還常常想起Y太太就跪坐在我旁邊，身上穿著有好多毛球的粉白色相間條紋毛衣，認真盯著電視的四十五度背影。那嬌小的背影。現在我已經有勇氣去回想了。那時候Y太太是什麼樣的表情，以多麼認真的眼神陪著我一起盯住電視機的螢幕。

〈罪孽的意義——少年A的感化教育與受害者家族的七年〉。這是節目名稱。聚焦在比淳君大兩歲的哥哥身上，採訪他在事件發生後一路走來有什麼樣的想法、什麼樣的苦惱，擄獲了第十三屆FNS紀錄片大賞。

當初我快結束感化教育前，為了要確認我是不是真的已經更生了還有要判斷治療成果，我被安排跟許多外來的醫生見面。當時有一位跟我見過好幾次的兒童精神科醫生，在節目中這樣描述跟我在少年院見面時的印象：

「很有禮貌，給人一種硬裝出來的感覺，讓人聯想起容易受傷的溫室花朵。」

被這麼講我也沒辦法。我對於擁有「精神科醫生」這種頭銜的人，總是習慣更冷靜、完全消除自己的情感與表情，有這種習性。

但Y太太看了後，自言自語的一番話我到現在還無法忘記。

「會嗎？可是我在少年院第一次看到你的時候並沒有那麼覺得呀。」

Y太太並不是刻意說給我聽的。她像是隨口說出心中的想法而已。可是那輕輕的一句話卻無比溫暖了我的心。

節目最後，淳君哥哥談論了關於加害者的贖罪問題：

「我覺得更生就更生啊，但我心裡也會覺得為什麼我弟弟會碰到那種事，對方卻可以繼續活下來生活？如果他真的覺得罪是可以贖的，那就未免也太傲慢了。只是不負責任的狡辯而已。」

話說得很重。當我在設施裡被人守護、呼吸著之間，淳君的哥哥卻抱著這麼沉痛的心情一個人受著苦。

我想「謝罪」的這種想法，本身或許真的很傲慢。那麼我應該怎麼做呢？我該怎麼面對這麼多苦惱、這麼多憎惡？我陷入了思考斷線的狀態，不知何去何從。

節目結束後，Y太太彷彿在這之間一直沒呼吸似地沉沉呼了好大一口氣。對她來講，看這節目大概也很難熬吧。看完了後，我們並沒有特別說什麼，也沒交談。

我按下了停止鍵，關掉電視後Y太太「噫——」的一聲慢慢撐著身子站起來。接著若無其事地回去廚房繼續做晚餐，我則快快走上二樓房間。我們之後也沒再提過任何有關於節目的事。但沒有比那時候令我感覺更接近Y太太的時刻了，無論身心上的距離。我很高興，真的很開心。

那時候的我並沒有辦法坦率地面對Y太太對我的一番苦心，她是如何真摯地對待我、陪伴我。是我搭起了高牆，不是她。

——明明不願意。

我在心裡某個地方這樣發著牢騷，拿自己的過去當藉口，在她的面前築起了城牆。我最爛了。低三下四，醜惡猥鄙，不能體會與想像別人心情的性格扭曲者。

包括我的罪孽在內，Y太太把我當成了一個人來接納。接納我以及我的罪，靜靜地陪伴。那段時間的經驗，至今依然是我最寶貴的資產。

Y先生家常常有人來訪，每次一有人來了，Y先生就會叫我過去大家一起喝茶。有一天來了一位穿著破舊工作服的大叔，Y先生跟我介紹說「這位是G先生」。G先生一頭白髮剃得非常短，近乎光頭，褲子上到處是縫縫補補的痕跡。他說自己是油漆工。跟他的穿著相反，他和善的說話方式跟沉穩的態度中散發出了一股貞潔的氣質。臉龐晒得很黑，鼻子大大的，一對藏在濃密眉毛底下的細小眼睛給人一種樸素而又悲傷的印象。我覺得他跟我父親有哪裡很像。

G先生回去後，我從Y先生口中得知了他的故事。

他以前出過車禍，對方過世了。自此之後，G先生完全沒有辦法再開車，也沒辦法碰任何有「把手」的東西。每天不管下雨下雪，他總是走路去單程就要超過一小時的地方上工。

我聽了Y先生的話後深受震撼。雖說當初是一起意外，但G先生卻把有條人命因自己行為而消逝的這項沉痛現實深深擺在心底，一年過去了、兩年過去了，幾十年來一直背著罪孽，靠著自己的一雙腿，如假包換地一步步踏在「贖罪之路」上。他那樣懇摯活著的樣子刺激到了我，我覺得自己好像被質問了關於我打算如何「贖罪」、「如何活下去」？

我完全沒有辦法跟G先生相提並論。在犯下那種以一個人來講完全無法被原諒的罪行後，我有多痛切的體悟、有多少自覺與意識呢？我根本連G先生的一半也不到。我當真覺悟到自己必須面對自身罪孽，一輩子活著贖罪嗎？我對自己要在社會上生存下去這件事所具有的意義，到底又有多少認知呢……？

一直待在人家家裡多少也會有點尷尬，所以我開始減少在家的時間，到處找些洗碗跟設施清潔工作。可是一直當個收入不安定的打工族也不是辦法，我的保護觀察期間到十二月底結束，在那之前我一定要找到足以自立的正職工作，總不能一直待在Y先生家。

於是我開始帶著便當到職業介紹所去找正職工作，但我學歷不高，找工作很困難，我逐漸焦慮，開始自暴自棄了起來。

這時候，Y先生把我介紹給了一家他常去的咖啡店的老闆。老闆端出了好喝的白蘭地特調咖啡，還告訴我，他在擁有自己的店面前遭遇過多少困難跟做過了多少努力。老闆是個鬍子打理得很細心，令人印象深刻又很會表達的人。他的學歷也不高，但他對於繪畫跟音樂懂得很多，讓我聽他說話聽得入迷，完全忘了時間。我立刻就喜歡上了他，就算只有一個人也常跑去他的店裡。從老闆那兒獲得了勇氣的我，再次打起精神，終於在進入秋天的時候找到了一份正職工作。在那地方，我一直做到隔年二〇〇五年的八月，將近一年。一確定了這份工作，不但Y先生跟Y太太很高興，就連老闆也開心得好像是自己的事一樣。我真的不知道從這些甚至包括了當地人在內的人們身上，獲得了多少幫忙。

現在我時常還會想喝老闆泡的加了白蘭地的咖啡。那些時光，坐在老闆親手做的稜角已經磨光的溫潤木吧臺前，手撐著臉頰像被施了魔法一樣，聽老闆講話聽得入迷，快樂又充滿了刺激的時光永遠在我心底不會褪色。

就在保護觀察期間快結束的前幾天，課長兩手提著大提袋來進行最後一次面談。我跟課長在二樓房裡面對面盤腿坐下，進行最後一次交談。

「噯，這是我家兒子的衣服，我是不知道尺寸你合不合啦，不過如果你不介意的話請拿去穿吧。不合的話，再丟掉就好了。」

課長一邊打開他拿來的袋子給我看，一邊這麼說。我當時也沒想太多，就收下了衣服。

「我第一次看到你時，哎，就是在那高速公路的停車場嘛。我只瞄一眼就覺得『這個孩子一定沒問題，一定可以撐過去』，就是一種直覺啦。雖然我們相處的時間不長，但你以後要好好照顧自己。」

「我知道。這段時間真的很感謝你。」

我送課長出了玄關。走了兩三步，課長又轉過身來，舉起右手大大跟我做了個「加油！」的手勢。我也彎低腰表達感謝。

說起來實在很丟臉，也很不好意思，但我直到很久以後才想到，原來課長當時把孩子的衣服給我是什麼心情。面對我這種殺害別人孩子的兇手，雖然說他的職務是觀察官，但他也為人父母，對我應該也有很難諒解的心情吧。可是他卻送給我自己小孩的衣服，到底為什麼呢？

我想他應該是以個人的身分來跟我相處，希望「你要好好看清楚自己所犯下的錯，今後勇往直前」，所以才會當面把孩子的衣服交給我吧。

不只是課長，我在出了社會後所遇見的、幫助過我的人，雖然他們各自表現的方式不一樣，可是除了工作上之外，在其他方面，我覺得他們也是把我當成一個「人」來對待。

現在說這些是有點太晚了，不過我真希望自己當初能早一點發現，對這些幫助過我的人一一表達我心中的感謝。

踏上旅途（二〇〇五年一月～二〇〇五年八月）

二〇〇五年元旦，保護觀察期間結束，我正式從少年院出院。從那一天起，相關法律管束便自此解除。

我抬頭望著藍得快要滲入皮膚裡的青空，心中想起了受害者家屬。

不曉得淳君的家人跟彩花的家人會怎麼看待我現在所見的這片青空……？

——如果他真的覺得罪是可以贖的，那就未免也太傲慢了。只是不負責任的狡辯而已。

淳君的哥哥在紀錄片裡講的那番話，響遍了抬頭所見的這片青空。

的確，就算我更生了，淳君跟彩花也再不會回到這世界上了。就像淳君的哥哥講的那樣，我活下來、更生、道歉謝罪什麼的，只不過是我個人的自我滿足罷了。所謂的想「謝罪」、「更生」這種想法，本身恐怕就已經很傲慢。

那麼我該怎麼做呢？不管對方會受到傷害，自己這邊單方面地一直謝罪，真的就是正確的嗎？所謂的謝罪，意思是什麼？贖罪又是什麼呢……。

我沒有找到一個明確的答案，心中還懷抱著許多對於「贖罪」的迷惘。然後搬離了Y先生家，一個人在工作地點附近的公寓租了個房間。

我找到的是沖床作業員的工作。那時候景氣還沒走下坡，工作忙得很。每個月可以實拿十七、八萬圓。扣掉三萬塊的房租、餐費跟水電費之後，每個月可以存十萬。我這個人不菸不酒、不出門玩樂也不買不必要的東西，看著銀行存款數字增加成了我唯一的樂趣。

在家時我只吃泡麵跟冷凍食品，我從來不出門吃飯。其實我也不是刻意想節省餐費什麼的，我只是對於吃本來就沒有興趣。如果一個人喝石油也可以活下來，那我就真的打算從此放棄「進食」這種行為了。我知道這聽起來很像開玩笑，但我是說真的。我真的覺得「吃」這件事很麻煩。不太知道該怎麼說明，反正我覺得與其說是「我在吃東西」還不如說是「進食這項行為在吃掉我」。

放假時，我會很早起床出門跑步，回來後沖個澡，稍微拉一下筋，然後打開冰箱，拿出買了一堆囤在家裡的冷凍食品，放進微波爐裡加熱。加熱完了後，直接把盤子放在微波爐前的空間，把冰箱當成桌子，站著吃飯。吃完了就直接在旁邊的流理臺洗碗，洗完後，轉一圈，往右走三步到浴室的洗手檯去刷牙。

我把這些煩死人的事都當成「一條龍生產線」的感覺處理掉。我會買很多便宜又量多的義大利麵跟炒飯回家塞滿冷凍庫。每週我外出採購一次食物，一次買完整整一週份的「燃料」。我沒有所謂「品嘗食物」這種概念，所以我可以一次買很多一樣的東西。有時候結帳時，排在我後頭的客人瞄見我籃子裡全都是一模一樣的食品，會驚訝得瞪大眼睛，不過我不在乎。我不懂，為什麼一樣放進胃囊裡都會變成糊狀的東西，大家還要刻意挑呢？

我對於吃雖然不講究，不過我很會喝水。不只是會喝，而且還過量。無論春夏秋冬，我每天都要喝三公升水，尤其壓力大的時候喉頭特別乾。吃的量少、喝的水又多，雖然沒有特意減肥，可是真的就變成了喝水減肥的狀態，體重減輕了，特別是夏天。但我人並不會特別不舒服，反而還覺得身體狀況很不錯。

中午左右，我就去圖書館。我那時候迷上了首飾設計方面。我自己連手錶都不戴，也完全不戴任何首飾，可是我很喜歡設計物品。我在圖書館裡看那些七寶燒跟手工銀飾的入門書看得很入迷，自己也畫了很多耳環、手鍊、戒指、腳鍊跟項鍊等等的設計圖，在平裝筆記本上畫得很開心。我表現過的主題有帶著一枝箭的心臟墜鍊、被黏在蜘蛛網上的蝴蝶的耳環、以蜈蚣形體解構而成的手鍊、眼睛戒指等等，都是一些不曉得有誰會戴的怪奇風格。我的興趣在於如何把醜陋噁心的東西化成具有美感的設計。

保護觀察期結束後，Y先生跟一些律師們組成的支持團體成為我跟受害人家屬之間的聯絡管道，幫忙我遞送道歉信、將對方要跟我說的事傳達給我，在各種面向上盡了很多力。

他們除了忙碌的正業之外，還願意分出時間與精神，來做這種一般人根本想都不想做、也沒有任何好處的麻煩事，我內心對於他們真的非常、非常感激。

但同時間，我心中也開始湧出一個難以壓抑的念頭，在我心底越來越騷動。

回想起來，我這一輩子都是在別人的管理底下生活。在被逮捕之前，我被我父母親、學校與地方社會管理；被逮捕後，受到國家公權力管理；回到社會後，被Y先生與其他支持團體的成員管理。

我更生的路走得很順。順利結束了保護觀察期也找到了工作，所有事情看起來都是這麼順利，我一次又一次告訴自己，只要照這麼走下去就行了。但當夜晚來臨，當我鑽進了被窩閉上了眼睛，在漆黑的空間中完全看不見臉的另一個我卻對我拋來質問：

「你根本還沒想清楚贖罪是什麼、背著罪孽活下去又是什麼意思？什麼答案也沒找出來，你只是照著Y先生跟律師他們的意見一直給受害者家屬寫信，所以你到底是在對誰贖罪？」

「現在你在的這個地方，是你自己找到的嗎？還是別人準備給你的『籠子』？你敢抬頭挺胸宣稱你現在是靠著自己的雙腿站穩的嗎？」

「你打算一輩子像這樣待在安全的籠子裡，在不用靠自己大腦判斷的環境中一輩子去逃避自己做出選擇嗎？」

「你只能在別人給你的環境中生活，你確定這樣真的叫作『活著』？」

「你現在就像是籠中鳥，是一隻被鏈住的狗！」

「你真的要這樣嗎？你自己真的受得了自己這種活法嗎？」

這樣下去真的不行。這種想法一天比一天膨脹，我夜裡輾轉不成眠，感覺體內的焦躁不安蹦來竄去。究竟奪走了人命之罪應該如何償還，我想答案不會那麼簡單就導出，也不應該那麼簡單。

我能說的只有一件事。那就是必須自己負起責任與自己判斷，然後做出選擇，在心底煩惱、煩惱、煩惱得不得了，最後起身力行，否則一輩子也找不到答案。一定要從別人鋪好的軌道上跳下來，靠著自己的雙腿站在地面上，一個步伐、一個步伐地走，用自己的頭腦思考，用自己的力量去找到自己存在的場所，在自己的意志之下，找出贖罪的方式，否則完全沒有意義。所以無論如何，我都必須自己「一個人」。

與其在窄籠裡過完一生，還不如從籠子裡飛出來，就算會死在荒野。

成功失敗都無所謂。我想知道，如果我不是少年A或是任何人，我以一個「人」來說究竟「有多少斤兩」？我想飛入那一片寬闊的天地中，用自己的身體去摸索出自己到底能做到什麼、不能做到什麼。我想要自己試。這一次，我想在一片沒有人知道我過去的土地上，由零開始，累積出屬於我存在的空間。

就算別人會笑說我想法太幼稚了，我也不在乎。我是認真的。我有強烈的預感，再這麼下去的話我一定完蛋。決定之後，動作也很快。我拿到了夏季獎金後，辭去了沖床作業員的工作，開始清理家當。

退租的前一天傍晚，我無所事事地去平常跑步的附近大公園散步。廣闊的草坪正中央有個偌大的的池塘，草坪對面有樹圍起，看得到遠方的海洋。夕陽有三分之一已經沒入了地平線下，從那邊射來的餘暉穿透了圍繞著公園的樹林縫隙，照亮了草坪正中央的池塘，熠熠生輝。

逆光把草坪跟樹都給染得一片黑暈暈，映照在夕日餘暉下的群樹輪廓看起來好像**藤城清治**[29]的皮影畫。這是我打從少年院出來後，第一次看見風景時發出「好美」的感嘆。我感覺自己所身處的這一片迷濛晦暗中終於也照進了一絲光亮。

回程時，我順道去銀行，把從打工時開始存下來的錢全部提出來。加了獎金後，大概剛好超過七十萬。

我回去公寓，在已經沒有棉被、洗衣機甚至連窗簾也沒有的空屋裡迎接了黑夜。身心都很平靜，很不可思議地，我沒有一絲不安，反而覺得心靈很清爽。

終於來到退租的這一天。仲介公司的人明明說會在上午過來，但左等右等，等沒人，過了中午後我打了電話過去。

「不好意思，我現在人剛好在您隔壁的隔壁，這間房間今天也要退。不過我這裡還要再一點時間，可不可以麻煩您再等我一下？是，我這邊處理完了馬上過去。是，不好意思。」

怎麼會這麼巧，剛好在這麼重要的日子裡有兩組人要退租。不過氣得跳腳也不是辦法，只好繼續等下去。

下午一點過後，負責人終於來了。

「哎呀～真的很抱歉、很抱歉！」

負責的是名三十五歲左右的男性，高高瘦瘦的，嘴角的地方有剛刮過鬍子的紅腫痕跡。我本來東西就不多，加上勤於打掃，所以只花了五分鐘就檢查完了所有該檢查的，對方讓我在文件上簽了名。

「哇～你真的維持得很好，這裡好乾淨。剛剛我去的那間房間真是……髒到嚇死人了！窗戶玻璃還裂了耶，那個人推說什麼：『這本來就這樣吧？我不知道。』怎麼可能會不知道？所以稍微爭辯了一會兒，拖了一點時間，不好意思啊。」

「不會啦，沒關係。您也辛苦了。」我稍微安慰他。

把該做的手續做完後，我拖著塞了所有最低限度的生活用品與衣物的行李箱前往車站。我把七十萬圓現金塞進從百圓商店買來的防震包，再小心翼翼地收進圍在腰上的腰包。那是我的全部財產，我的救生繩。

我在站前郵筒中投入寫給Y先生的信，信中表明了我的決心。接著朝向票閘走去。

29　一九二四—，日本著名影繪家。

事件後過了八年。我終於刮掉了別人附加在我身上的所有「色彩」，這一次，我要自己為自己著色，為此我踏上了漫漫長旅。

事件發生後第八年，二十三歲的夏天。

新天地（二〇〇五年八月中～二〇〇七年十二月）

現在想想那時候真是太亂來了，任憑一股衝動下採取行動，在完全沒有認識的人、不知道目的地、也沒有任何接下來打算的情況下，去了一個離原來的住處很遠的地方，眼下第一個難題，就是要找個遮風避雨的地方。

我換了好幾班電車，在一塊全然陌生的土地下了車之後，便輾轉投宿於膠囊旅館、健康園地跟網咖等等地方。我盡量找便宜一點、不會讓自己的身體太累而且能長期住宿的地方，最後考慮了很久後，在一晚一千八百圓的膠囊旅館長期住了下來。

從費用的方面來看，當然是網咖比較便宜，可是在可以包夜的夜晚優惠時間到來前都得一個人在外面亂晃，晚上別人打鍵盤的聲音又很吵，而且最困擾我的，是要在感覺得到隔壁就有人的情況下睡著，對我來講那實在是太困難的挑戰了。對比之下，膠囊旅館裡面就有投幣洗衣機，也有地方可以洗澡，腳還可以伸長了好好睡覺，行李擺著也沒關係。長期來講，膠囊旅館是最好的選擇。

膠囊旅館的房間是上下兩段式，房間大小大約深兩公尺，寬、高各為一公尺，每格房間的入口處用窗簾隔開，天花板角落裝了電視，也有廣播跟鬧鐘，還有置物櫃。不過置物櫃太小了，放不進行李箱，所以我乾脆把行李箱擺在自己床位裡面，然後把現金、存摺、身分證跟行動電話之類的貴重品收在腰包上隨身攜帶。晚上其他房客的打鼾聲雖然也很吵，不過比起網咖來已經好了很多，我把隨身聽耳機塞在耳朵裡當成耳塞睡覺。找到了固定休息的地方後，精神就放鬆多了。

大概那時候我已經習慣早起了吧，每天早上五點很自然就會睜開眼睛。醒來後去洗手檯前刷牙洗臉，接著用洗臉的泡泡刮鬍子。

忽然間「自由」了，整個人卻突然不曉得該怎麼辦。典型面臨了太多選項，就無法選擇的「迴避決定法則」。唱紅了〈山谷 Blues〉的**岡林信康**[30]說：「自由是連著一條手中線，在天空中飛翔的風箏。」

30 譯註：一九四六—，日本音樂人，被喻為日本民歌之神。

可是線斷了的話不是更自由嗎？不會。風箏是因為連著一條線在地上才能夠飛翔，如果把線剪斷，它就會掉下來。所謂的自由就是這麼一回事。這是「神」的至理名言。

雖然環境改變了，但生活作息沒什麼太大不同，除了沒有工作這件事以外。基本上，我厭惡「變化」。

我每天早上起床，去便當店買了便當到公園裡坐在長椅上吃，吃完了隨意漫步，然後到書店或圖書館之類涼爽的地方打發時間。傍晚時分回去旅館，洗澡洗衣服。

盛夏的陽光毒辣，簡直把人熱得腦筋都要融化了。我看見公園裡的流浪漢們只穿著條內褲，在廁所裡用臉盆接水，往頭上就是一澆。真是很痛快，可惜我沒辦法做到那樣。

在涼爽舒服的書局裡，我買了古谷實漫畫《機車人生》[31]的第六集，也是最後一集。

我從古谷實出道之後就非常喜歡他。《稻中桌球社》是當年十四歲的我的聖經。故事裡，那兩個書也念不好、運動也不強，什麼長處都沒有的魯蛇「前野」跟「井澤」自己把自己悲慘的哏拿來笑得嘻嘻哈哈的樣子，真的讓當年的我得到了很大的救贖。

出了少年院之後，我就迷上了《不道德的祕密》跟《白晝之雨》。

《不道德的祕密》是個悲慘到沒救的故事。主角是一名十五歲國三少年，住在河邊租船店的小屋裡。有一天老媽跟著男人跑了，一個人被留了下來。這時候失蹤多年的老爸又突然出現開口要錢。這名少年好像從小時候就被他老爸虐待，於是他想起來，一切的不幸都是眼前這名男子造成的，一怒之下拿起混凝土塊砸死了他老爸。之後他將屍體埋起來，整個人變得很厭世，覺得什麼都無所謂了。於是為了讓自己的生命「多少有點貢獻」，少年決定效法電影《計程車司機》裡由勞勃．狄尼洛主演的男主角崔維斯，「我要去把這世上的壞人找出來，管他是誰統統殺掉！」但可惜這少年一直沒找到合適的對象，於是就在好友與女友的陪伴下度過了一天又一天。某天，他決定跟女朋友坦白自己殺了父親的事，女友勸他去自首，可是少年拒絕了。女友於是去跟警方通報。當警察來到店裡時，少年向他保證自己隔天一定會去自首，於是警察便先離開。當晚，少年與女友在租船店裡度過了最後一夜。半夜裡，少年醒來，走出屋外拿起從前黑道交給他的一把槍，舉槍自盡。

當初看這套漫畫時，我覺得古谷實最早想畫的搞不好是這一部吧。雖然很多人覺得《不道德的祕密》跟《稻中桌球社》是截然不同的世界觀，但我其實覺得這兩套作品在本質上是一樣的。瘋狂搞笑的《稻中桌球社》，流盪在作品底層的卻是「弱者的吶

31 譯註：日文名為珊瑚礁魚毒素，隱喻在青春的毒素消失後，人就會得到成長。

喊」。《稻中桌球社》讓我清清楚楚看見了自己的窩囊跟悲慘，簡直像能聽見裡頭那些只能把自己的孬當成笑話來笑的螻蟻所發出的悲鳴。而《不道德的祕密》裡，一心一意只想「平平凡凡生活」但卻幹下一連串荒唐事的少年，也讓我感受到了某種難以言喻、詭異的「可笑性」。也許把「喜劇」的盡頭走到底，看見的會是「悲劇」。把「悲劇」扒到底，看見的又是「喜劇」。

古谷實的作品裡，我最喜歡的《白晝之雨》中有個角色非常突出的性變態殺人魔「森田正一」，他在勒死別人的時候會覺得性興奮。於是他走到哪裡，就殺到哪裡，隨隨便便湮滅了證據後就四處過著逃亡的生活。可是運氣很好的他一直沒被逮捕。故事最後，從來都沒受過良心譴責、一路衝動殺人的森田開始回想起自己的過去。

…………

……那個啊

…………

……我現在

……突然想起來了……

…………

……我國中有一次放學回家時……

…………

突然發現……

我……

根本就……

「不正常」…………

……那時候

真的好難過……

好難過……

真的後悔死了……

好想馬上死了算了……

我哭了出來……

——古谷實《白晝之雨》第六集

森田踹開上下學時騎的腳踏車，丟掉書包，雙手抱著膝蓋把頭埋在裡面，像嬰兒一樣蹲在路邊。他身後是悠閒安詳的水田跟群山。森田所在的「這一邊」，跟他永遠也觸碰不到的「那一邊」被路旁圍欄無情地隔開。

——當時的我。

我看到時這麼想。那是我第一次看漫畫看到哭。

在我看來，森田是結合了我跟刺死大阪姊妹的山地悠紀夫的角色。他同時具備了我的「性施虐癖」跟山地悠紀夫的人格障礙這兩種要素。

山地悠紀夫比我小一歲，在我犯案後三年，他用金屬球棒打死了母親而被送進了少年院。初犯時年僅十六歲。

山地在少年院裡散發出了明顯與其他少年不同的精神特質，察覺了這一點的少年院職員安排他接受精神科醫生的檢查，被判定為「可能患有廣泛性發展障礙」。

有這種障礙的人不太能從別人的動作跟表情中察覺別人的心思，只能擷取到話語最表層的意思，也不懂得看場合說話、做事，所以在團體裡很容易被孤立。此外，他們也不習慣跟別人有「眼神接觸」，所以會避開別人的視線，但反過來他們卻又會一直盯著別人的臉看，好像在看什麼一樣讓人很不舒服。這些怪異的溝通行為，使他們在學校裡很容易成為被欺凌的對象。

如果是實務經驗豐富的專家，當然可以一眼看出，但這種廣泛性發展障礙不像精神發育遲緩或統合失調症那麼明顯，很容易揪出來對應，一般人很難把他們跟一般精神狀態的人（普通人）做出區別。

山地在二〇〇三年十月、二十歲的時候從少年院離開。曾經在少年院裡幫他診斷的精神醫師很擔心山地的發展障礙，寫了介紹信要他出院後一定要去看醫生，不管是哪裡的醫生都好。但結果山地並沒有自行就診。

十一歲時父親病亡、十六歲時親手殺了母親的山地，出院後無親無故，在沒有保證人的情況下加入了更生保護設施，住在柏青哥店裡工作。但在職場上，他永遠跟別人不合，於是工作換過了一個又一個。最後在朋友介紹下加入了非法組織，專靠詐取拉霸機的鋼珠維生，別人叫他做什麼，他就做什麼。雖然我沒有經驗，不是很清楚，但犯罪組織裡應該也有犯罪組織所要求的溝通能力吧？什麼時候會被抓也不知道，天天都跟危險相處，一不留神，一切就完蛋。隨時隨地都要警覺身旁情況，也要熟知同夥人的性格跟心情，即時下判斷躲避風險。這絕對不是山地這種缺乏溝通能力又無法判斷狀況的人所能滿足的技巧，結果，有一天技巧太差的山地就在拉霸機店裡露了餡，被店員抓到送警法辦。

在專騙機臺的犯罪組織裡，山地當然也跟別人處不來，於是在跟組織頭頭吵架之後，離開了犯罪組織當成基地的公寓房間，開始了戶外流浪生活。三天之後，山地於二〇〇五年十一月十七日，用刀襲擊了自己公寓其他層樓的兩名女性，對她們施暴後搶走錢財，最後還放火燒了房間。這事件被稱為「大阪姊妹刺殺事件」。距離山地從少年院結束感化教育後不過才短短兩年。

由於這個事件的犯行太過殘暴，加上山地被捕後的邪惡笑容、他開口要求死刑、再加上他在少年時期的殺人前科，當時引起了媒體極度瘋狂的報導。這個事件就發生在我從少年院出院後的隔年，再加上山地同樣也在少年時期殺過人，我們兩人的犯行時常被拿來相提並論。

我沒有什麼立場去談論別人的殺人行為，也不認識山地悠紀夫，不了解真實的他到底是什麼樣的人。我對他的犯行也並不同情。

他的犯案內容跟他同樣是在少年時期殺了人這方面，我並沒有興趣。真的讓我覺得好像有什麼事情很在意的，是他在一審被判處死刑後，寫了一封信給他的律師，信裡有些話令人讀了難受。

我的想法並沒有改變。

「撤回第三審與第二審所為上訴。」

我仍然這麼決定。

既然判決下來了，我不知道我還能活幾個月或幾年，我現在的想法只有一個，那就是「我根本不應該被生下來」。我的意思不是說因為我犯了這一次跟上一次的罪，而是我認為我這個人根本就不應該「活著」。

很抱歉給您造成了各種困擾。

永別了。

——池谷孝司《請給我死刑》

完完全全自我封閉、澈澈底底拒絕與世界接觸，沒留任何一絲空隙給他者進入。我感覺好像看到了當年的我自己。

山地被捕後沒有說過任何一個字的抱歉或後悔，反而拚命宣稱「殺人很爽！」、「殺人時感覺好像在搭雲霄飛車」。我覺得他似乎在努力詮釋出一種惡魔形象，好讓全世界的矛頭都對準他。他那種在別人傷害自己之前，先藏起自己的弱點跟優點，過度惡形惡狀的樣子令人心裡很痛、很不捨。

現代社會是個溝通至上的社會，什麼事情都要溝通，一是溝通、二是溝通、三是溝通、四跳過、五又是溝通。連阿貓阿狗都要溝通，簡直就是個「溝通戰的時代」。我不是誇張，沒有溝通能力的人在現今的日本社會根本就沒有生存權。社會上也不把不能與人建立連結的人當人看。沒有溝通能力就出了社會的話，就像脫光了衣服沒帶任何武器一樣地走進槍林彈雨的戰場中。大家都在這溝通戰場上拚了命地爭取自己的生存圈。沒有人會去考慮到什麼「障礙」或「能力不足」。

山地大概走到哪裡都被人當垃圾吧？像害蟲一樣被驅離、像雜耍班的怪胎一樣被恥笑。他一定也很努力過吧？像一條水中的魚，必須適應在陸地上呼吸一樣。

山地被捕時臉上的那抹微笑，我覺得我可以體會。這不是可以用話語來說明的事情，而是更直接的、從生理上去察覺。

那抹微笑……。

我從來沒有見過絕望成那樣的表情。

回到我自己的話題吧。

我實在熱得受不了，所以在自己的膠囊裡都只穿條內褲。秋天來了，正心想總算涼快了一點，沒兩三下，天氣又轉眼變冷。

在那種環境裡，嚴冬比酷暑難熬多了。雖然房裡有空調，但設備老舊，有跟沒有一樣。我買了運動夾克、手套、圍巾跟毛衣，晚上把這些全穿在身上睡覺。

為了節省餐費，我買了大量的泡麵，統統塞進旅館置物櫃裡。早上起床後，先拿著百圓商店買來的「環保筷」去置物櫃那邊，然後在休息區裡用熱水壺沖泡，吃完了就去刷牙洗臉刮鬍子。接著穿上防寒用具，去櫃檯結清當天的住宿費。那裡的做法是每天都要結清一次，就算長期住宿也一樣。接著出門，在各家超商晃到圖書館的開門時間為止。圖書館開門後，就進去坐到關門。有時候也會看到很明顯就是流浪漢的大叔在裡頭，果然大家想的都一樣。

傍晚圖書館關門了之後，就回到旅館，帶著衛浴用品去沐浴區，泡在熱水裡把身體泡暖。接著吃晚餐的泡麵，然後刷牙。刷完了牙，鑽進被窩，趁著身體還暖和的時候趕緊睡覺。

天氣一天比一天還冷寒，身上的現金只剩下不到五十萬的時候，我開始在求職雜誌跟求職網站上尋找可以包住的工作機會。只要擁有健康的身體、年金手冊、存摺、印章跟行動電話這五樣求職套組，而且不挑工作的話，想找什麼工作都沒問題。

到了年底，就在凜冬來到最嚴寒的時候，我找到了一間包住的建築公司工作，終於離開了我的「地洞」。

不過工作是找到了，但馬上就面臨了冬季休假，所以過完了年才正式上班。我是約聘工，每三個月更新一次合約，實拿的月薪是十七萬。第一個月不用付房租，接下來的每個月則會先從薪水裡扣掉一萬五千圓水電費。房間乾淨漂亮，鋪了地毯，還有空調跟廚房，衛浴跟廁所共用。

約聘工宿舍裡，有一個放了大型電視的休息空間，角落裡有個書櫃，擺了些漫畫跟雜誌。書櫃旁則是一個裝了玻璃的鐵櫃，裡頭擺了些撲克牌、日本將棋、黑白棋跟大富翁之類。

書櫃裡的漫畫跟雜誌都是住在那裡的人擺的，漫畫類有《搞怪警察》、《大飯桶》、《赤足小子》之類很久以前的作品，也有《週刊少年JUMP》跟《週刊少年Magazine》。雜誌則大多是些拉霸機攻略本、麻將、色情指南雜誌，汽車跟摩托車類的雜誌也很多。跟一般「包住」的公司常見的情況一樣，這間宿舍裡品行不良的人很多，還有得意洋洋地講起坐牢經驗的歐吉桑。

有一天我正坐在休息室沙發上看漫畫時，電視機前面的兩個年輕男生突然為了轉臺不轉臺的問題吵得不可開交。

我真是看得傻眼。兩個那麼大的男人了，居然為這種事吵架……。

長得很像搞笑藝人小藪千豊的宿舍管理員聽見騷動趕緊過來，他先聽了他們雙方的說法後，讓他們握手言和。

冬季休假結束後，立刻就上工了。

新工作跟之前的工作完全不一樣，是體力勞動。主要作業是拆除建築物。每天一大早，把公司發下來的防塵面具、安全帽跟工具靴穿戴妥當後，跟著當日分配到的小組搭上麵包車前往作業現場。現場從醫院、保齡球館、卡拉ＯＫ、寺院到一般的住宅都有，利用大型機具跟大鐵鎚、鐵撬、十字鎬等等的工具把房子拆毀。第一個月是實習期間，跟在前輩身旁打雜，幫忙把拆下來的鐵屑跟瓦礫等等用單輪推車推到貨車上去。習慣了之後就可以拿著工具加入拆除。大概是因為我從來沒這麼操勞過，第一個月簡直是生不如死，每天都腰痠背痛，一回到宿舍洗完了澡，晚飯也不吃就先躺平了。

三個月之後，身體已經習慣了這種體力活，大概知道施力時什麼地方該「放」、什麼地方該「收」。再來就是努力提高自己負責部分的效率，流暢無礙地把分內工作做完。身體是自己唯一的資本。每天早上起床後跟睡覺前，我會做伏地挺身跟鍛鍊一百次腹肌、一百次背肌，休假時也重拾停了一陣子的慢跑。

原本白如白鯨般的膚色早已變得黝黑，身體的線條也出來了，從前那個蒼白柔弱的「少年Ａ」早已不復見，當我站在洗手檯的鏡子前看到自己的時候，心底有一抹安心，同時也有一股難以言喻的失落。

我在工作的地方絕對不跟人聊天，在宿舍裡也不跟人來往，行動電話也絕對不帶到工作現場。我給自己下了條規矩：絕不跟別人攀談。我跟我自己說，只有沒用的傢伙才會想跟別人建立連結。我就像親身實踐佛陀所說的「猶如犀牛，獨行出時」一樣，澈澈底底貫徹「孤獨」。

在那種地方工作的好處是，很多人都有一些難以啟齒的故事，所以沒人會去強烈干涉別人，畢竟自己的事情都忙不完了。

我在那裡的時候也幾乎沒花什麼錢。平常盡量少外出，也不亂消費，萬一出了什麼狀況，我能依靠的就只有錢了。我心底打定主意，只要工作地點傳出了什麼奇怪的風聲，在別人還沒確定之前我就趕快辭職，接著躲一陣子後再出來找工作。因為只要我的臉或名字出現在新聞雜誌或網路上一次，這個社會就完全沒有我的容身之處了。

這種生活自由是自由，但萬一有什麼情況的時候完全沒有人可以依靠。我能靠的人只有我自己。我能仰賴的，只有拚命省下來的存款而已。或許再加上關西人「死愛錢」的個性，我變得非常執著於金錢。

我在那陣子喜歡上了紙雕。每天工作完，搭著麵包車回到宿舍後，洗完了澡我就趕緊回到自己房間，從衣櫥裡拿出做到一半的作品，擺在桌子的切割墊上開始享受。

受到《電視冠軍》裡〈紙雕王冠軍賽〉的影響，我也開始玩起自己風格的紙雕作品。我最喜歡的是在〈紙雕王冠軍賽〉裡三連霸，成功進入殿堂的紙雕設計師大熊光男的作品。他的作品中充滿情感，雖然做的很精細，連摩托車跟機器人這類機械的細節都做出來了，可是很不可思議地卻充滿了一種溫度。我曾經造訪過他的藝廊兼商店「P—BOX」。我這個人平常雖然不喜歡出門，但一旦對什麼東西產生興趣就會變得很積極。P—BOX這間店是用溫馨的小木屋改造成的。我一到那邊馬上就了解，「原來那些作品是在這樣的地方做出來的」。在店裡接待客人的大熊先生本人就跟電視上一樣穩重親和，是個讓人感覺很好的大叔，打扮得很隨性，T恤外輕鬆地套了格子衫在看店。微微突出的肚子也很可愛。

在略微昏暗的店內，牆邊展示櫃中擺放著他那些可愛的小作品。令人驚訝的是實際作品的「大小」跟所呈現出來的「重量感」，實在讓人難以相信那是用紙做出來的。他說他是用一種叫作「瑪玫德」（Mermaid）的表面有微微凹凸的紙張跟快乾性木工白膠去製作。原來他作品中所散發出來的那種溫暖與柔和，就是利用這種表面凹凸、能夠吸收光線的紙張去呈現出來的質感。

我的做法是先在五釐米方格紙上畫下草圖，然後用筆刀割下來，在上面用快乾膠跟切得很小、很小的透明膠帶黏成立體紙雕。一開始我做的東西非常簡單，後來慢慢進步了，可以做一些複雜的作品。我做過的作品有簡化後呈現的米開朗基羅〈聖殤〉跟中宮寺的彌勒菩薩像，還有蛞蝓、嬰兒跟天使像。紙雕作品非常精細，光一個乒乓球大小的作品就要做上一、兩個月。

其中我特別喜歡的主題是天使像，還做了一系列，很澈底地連頭髮、睫毛等等細節都做了出來。等到作品有了一個大概的輪廓後就可以拆下T字型刮鬍刀的刀片，用它一點點、一點點地去修正細部。這一項收工的作業做起來非常舒服，簡直全身毛細孔都要張開來。最後，不曉得花了多少日子才完成的天使像終於在我掌心中站了起來，散發出神聖的姿態。

進入這間公司後，我在第一年冬季休假的前一天完成了自己所有作品中，完成度最高的一尊紙雕。我關掉房裡的電燈，打開窗簾，讓所有光線只剩下月光跟天使像對峙。我讓它們就那樣子對峙了很久，忽然間，我很想讓天使像吹吹風，於是我把它放進腰包裡，走去外面。宿舍裡大概到處都在飲酒作樂吧，好多房間都傳出了哄堂笑聲。

我走出宿舍的土地，經過超商門口前看見四名公司的年輕人正在喝啤酒笑鬧。我從他們面前經過，去我時常沉思的那個公園裡，坐在長椅上，從腰包裡拿出小巧的天使像，放在掌心中，三百六十度地在月光底下轉呀轉，把它瞧個仔細。我用小指輕輕撫過那用切得像線一樣細的紙條層層疊疊而成的天使髮絲、那嬌小的眼鼻跟嘴巴。

冬天帶著點寒青的滿月高高懸在天邊，夜冷得連月光都凍結了一般。如同冰柱般的月光，刺貫了我全身。

各地飄泊（二〇〇八年一月～二〇〇九年六月左右）

進入建設公司兩年後已經完全習慣了工作，這時候公司因為約聘工宿舍裡的人數持續增加，便把平時工作態度良好也還在工作的人調去了正職員工宿舍。收費跟之前一樣，但可以住在正職員工使用的一廳一廚的單人房。

那時候我有生以來第一次買了電腦，裝了網路，買了電視、錄放影機、沙發、書桌跟書櫃，幫自己打理出一個放假時可以窩上一整天的小窩。

這個工作雖然體力上很操，但不用跟人接觸，完全不用擔心人際關係，薪水也比一般正職員工多，也有時間投入自己的喜好，我完全沒有一絲不滿，還很希望這種生活能一直持續下去。可惜好景不常，這種願望對我來說是太奢侈了，就在我謳歌個人這小小的幸福之時，社會上早已刮起了雷曼兄弟破產的連動債風暴。

二〇〇九年六月。公司突然間通知我要解僱。一個月後，我以自己辭職的形式離開了公司。

其實之前早就已經有了「徵兆」，公司一直在解雇一些年紀大的、工作能力不好的還有跟人有相處問題的人。但我一直太放鬆，毫無危機意識，結果忽然收到解僱通知時還覺得很震撼。

我只帶著一只行李箱跟一部電腦就那麼離開了公司。兩年來雖然也花了不少錢，但離開時存款還超過了一百萬。那一次，也是錢救了我。

如果只是單純回到原來的狀態那還好，可是現實是，社會上已經不像上次那麼好找工作了。那時候過的真是飄泊各地的每一天。我做了各式各樣的工作，像無根的野草一樣無處安定。那一陣子的生活，我的記憶斷斷續續的，可能是因為壓力太大導致了失憶。我有時候面臨很大的壓力時，記憶就會「啵」地消失。

有一次找到的工作，有個渾似《北斗神拳》裡的「紅心」一樣魁梧的外國巨漢對著我用單字下命令，我因為聽不懂，於是反問確認，結果對方忽然拿起手邊的工具對準我的臉砸過來。我當然馬上閃身，但前額還是被擦出了一個包。

另外一次，在某個工作場所，吊具上的鋼料忽然掉下來砸到了就在我旁邊工作的男孩的右腳背。男孩發出了不像人類的淒慘悲鳴，仰頭一倒，躺在地上痛得左翻右滾，口中發出聲帶撕裂般的哭吼。我當場都嚇得癱坐在地上，忘了要趕快喊人來。一會兒後，幾名同事衝過來要把他搬去休息室，但男孩已經痛得喪失心神，嘶聲厲吼伸手就要抓靠近他的同事的臉。同事只好伸手甩了他兩巴掌，終於讓他安靜了一點，趁機趕緊把他搬到休息室，接著馬上打電話叫救護車把他送醫。休息時間，我進去地上還沾著男孩血跡的休息室時，居然聽見剛才搬他的幾個人在拿他的事說笑：

「那傢伙，不知道可以拿到多少勞災賠償喔？」

「一定很多啦，真是賺到了。」

一夥人嘻嘻哈哈的。我真不敢相信，明明大家一樣處境艱難，他們為什麼還能那樣開玩笑？

也曾經碰過這樣的事。在另外一間公司，公司讓我跟其他三個同事合租房子。某天我跟另一個一樣值晚班的同事回家時，發現另外兩個品行不好、值其他時段的同事正對坐在房間正中央的桌前，笑得很開心的樣子。桌子上擺著一個裝了水的寶特瓶，瓶蓋部分插了一個長管漏斗，瓶身上又插了一根剪短的吸管，用紙膠帶黏在瓶身上。那兩個人輪流從吸管中又吸又吐，整個房間裡瀰漫著煙霧，聞起來甜膩膩的，很明顯不是香菸。他們一發現我們兩個人回來了，馬上拿著寶特瓶站起來，搖搖晃晃地走到這邊說：「回來啦？辛苦了~來來來，抽一口放鬆一下~」

我馬上全身緊繃。任憑我社會經歷再少，也知道那是什麼好嗎？但跟我一起回來的另一名性格比較軟弱的同事，便在他們勸誘下把嘴巴靠近吸管，心驚膽顫地抽了一口後，把寶特瓶遞到我面前。

我馬上伸出手來擋掉。

「我不要。」

「哎唷唷，拜託～我們不是好朋友嗎？來嘛，吸一口嘛，敬我們的友誼～」

開什麼玩笑！我要是被抓了，我整個人就完了！

我馬上轉身，往右走出了門外。等我在附近公園裡冷靜了一個小時後，一回去，房裡正開著音樂震天價響。方才那剛經歷了大麻初體驗的男生已經全身脫光在亂跳，而另外兩個不良的，則在他身後拍手笑得跟白痴一樣。

因為這件事，我跟這些室友的關係開始變糟，由於住得很不舒服，我就離開了。

一百年來最嚴重的不景氣。惡劣的勞動環境。看不到盡頭的不安生活。自己處於「到處被欺負」的被害妄想。在對於社會以及自己的無力感有種說不出的憤怒之下，精神一天天腐敗潰爛。

那時候，我唯一的樂趣就是拼貼。我從擺放在出租店跟書局門口的傳單架上，不管伸手拿到什麼都統統拿回來。各種免費的傳單、廣告、音樂情報誌、服飾郵購目錄。回家後，拿起剪刀把有人、動物或風景的照片剪下來，用口紅膠黏在厚紙板上。傳統手製合成照。

這種拼貼作業的效果之好，甚至還出現了「拼貼療法」這種名詞。拼貼可以幫助一個人在無意識中，把潛藏心底的衝動與欲望浮上表面，有助於統合認知、幫助自我療癒。精神科有時候也會把它應用在治療上。

我把大大小小、男男女女的臉剪下來貼在猢猻樹的照片上，合成了一棵「臉樹」。也把男性跟女性的全身照從中對裁，重組成一個半男半女、好像《無敵鐵金剛》裡的「阿修羅男爵」一樣的角色。也把各種身體部位剪下來，重組成一幅千手觀音跟（很像）十一面觀音的作品。將文字、衣服、企業商標剪下來，拼貼成曼陀羅等等。埋頭苦幹，忘了時間。因為只要埋首在拼貼中，我就不用去想別的事。

一隅之地（二〇〇九年九月～二〇一二年十二月）

情況越來越嚴峻了。一直在各地做臨時工也不是辦法。再這樣下去，一輩子都要在這種「離開豬圈後走進牛圈」的悲慘漩渦中，永世不得超生。

如果想找個安定一點的工作，唯一一樣可以當成武器的，只有我在少年院裡學過的焊接技術。但當初離開幫忙我的支持團體，決定一個人過活時，我已經下定決心「這輩子絕對不做焊接工作」。我的自尊不允許我靠著「在少年院時拿到的資格」這種恩惠過活。我覺得如果我用了，我就不是依靠著自己的力量找到立足之地。但眼看山窮水盡，存款即將見底，我再也沒有資格這樣想了。於是心一狠，我決定只要是能當成武器的，管它是什麼統統都拿出來，我要當個真真正正的社會人，否則早晚死在路上。不能見樹不見林，顧此失彼啊。

於是我暫時住在一晚兩千五百圓的簡易旅館，同時以那裡為據點，積極尋找焊接工作，全心全意投入我人生中第二次求職活動。

「我可以加班。」

「沒工作的時候，我也可以來公司幫忙掃掃地什麼的，不用給我錢也沒關係。」

「我要是遲到，你可以當場把我開除。」

完全豁了出去。拋開尊嚴、丟掉羞恥，我只想拚命讓對方知道我想工作。

很幸運地在找到第三間的時候就被僱用了。我在那裡當個焊接工。

到現在，我還很感謝當時的老闆願意僱用我這種來路不明、居無定所、性格也完全不曉得到底怎麼樣的傢伙。

我的工作是負責焊接纖維機器零件。把生產窗簾線跟服飾縫線的紡紗機或是織布的「紡織機」等等機器的零件焊接起來。

使用的機器有「半自動電弧焊機」、「ＴＩＧ鎢極氬弧焊機」跟「手工電弧焊機」這三種。這三種焊接資格，我在少年院時已經都拿到。

半自動電弧焊機有個長得很像加油站油槍的把手，被稱為「焊接槍頭」，從那裡可以同時送出焊絲跟二氧化碳。一按下扳手開關後，焊絲便會被送到母材（被焊接的金屬）上，這時藉由母材跟焊絲之間所產生的電焊弧光熱便能熔融與接合金屬。這是最快速的一種焊接法，但如果電流的大小、焊接角度或速度控制得不好，便會在母材焊縫上產生焊蝕（undercut）或熔合不順暢的過疊（overlap）現象。

TIG鎢極氬弧焊機則用來焊接鋁或不鏽鋼等非鐵金屬材料。藉由安裝在槍頭前端的鎢電極與母材間產生電弧來熔化母材，這時會像錫焊一樣，在一定間隔上用與母材相同材料的填料棒填充上去。TIG焊接時，用來防止氧化的保護氣體，有氬跟氦等。雖然這種焊接法比半自動電弧焊慢，但好處是任何角度都可以焊接，成品也很美觀，是我最擅長的項目。

手工電弧焊接則是用一種被稱為焊鉗的長得很像洗衣夾的夾子，把包裹了所謂助焊劑的氧化防止劑的焊條夾住，讓焊條跟母材間產生電弧，以此進行焊接。助焊劑在受到了電弧熱熔化後，會轉變為保護氣體，便能防止焊接部分氧化。這種方式不怕強風，操作上也比較靈巧，因此時常被用在戶外的焊接作業上。

於是就此開啟我跟焊接火花奮戰的每一天。

以前學過焊接也有幫助，我的焊接技術一天比一天好。既然要做，就要做得徹底，這是我這個人的「基本功能」。焊接靠的是手的靈巧度跟專注力。一專心在工作上，就忘了周圍的事。除了打招呼之外，我依然不跟其他人多說廢話。

由於電弧光中含有強烈紫外線，所以要戴上防護面具來保護皮膚。另外也要穿著長袖衣服，免得被焊接時因為熱能熔化的金屬噴濺出來的火花灼傷。夏天時真的很辛苦，眼裡會滲進汗水，眼睛一癢，手上就有可能出差錯，只好在頭上綁條毛巾。在作業臺底下也放了兩公升鹽水，隨時補充水分，免得脫水。排掉了一堆汗，體重變輕了，心靈也輕鬆了，不知道為什麼，我覺得自己好像受到了淨化。

我對於嚴守交貨期限這件事很神經質，有時候碰到可能來不及了，就乾脆連休息時間都不休息，繼續上工。電焊時一定要戴防護面具，可是趕時間的時候覺得很麻煩，乾脆就只戴上遮光眼罩就開始做。下場就是整張臉都被晒得紅通通，好像晒傷一樣，鼻頭跟顴骨之類比較高的地方都開始脫皮。長袖作業服其實不能擋掉所有金屬噴濺出來的火花，有時候工作結束時覺得手臂跟腳上好像被什麼刺到了一樣又痛又癢，等到回家，脫掉衣服一看，才發現皮膚裡已經射進了金屬屑。放著不管的話，等新的皮膚長出來，金屬就會被包在身體裡了，只好拿起尖鑷子一顆顆夾。

由於我除了打招呼之外完全不說話，一天到晚埋頭焊過一個又一個，很快就被一些不愛工作的同事在背後取笑。可是我不在乎。不管怎樣，我都一定要在這裡站穩腳步，重頭把人生好好活過。我要證明我也跟別人一樣可以適應社會、可以在社會上好好生活。我不是要證明給任何人看，我是要證明給我自己看。

過了大概半年，我搬出了簡易旅館，租了間公寓，重新開始一個人的愜意生活。當時當我連帶保證人的，是一位在工作上指導我的前輩。

有了自己的生活基地後，我開始熱衷於讀書。放假日時一整天關在房裡，連大門也不出地一直看書。

我像那樣沉迷於讀書之樂裡是自少年院出院以來的第一次。很多人對我有個印象是「少年A很愛看書」，但其實我本來並不愛看紙上的一個個活字，我喜歡看的是漫畫跟電影這些視覺媒體。我開始懂得讀書的樂趣，並且開始認真閱讀是在進了少年院之後。

我剛進關東醫療少年輔育院的時候，跟其他少年隔離，一個人一整天都被關在單人房裡。在單人房裡的時候連一分鐘都好像一小時那樣漫長，感覺好像被封閉在一個沙漏之中。白日的沙漏跟夜晚的沙漏輪流交替，片刻也不停地讓透明的時光之沙無情地將我活活埋沒。我像在轉輪上跑個不停的倉鼠一樣，喀答喀答一直讓時間空轉，少年院的職員看不下去，於是開始給我很多書看，美其名為「讀書療法」。譬如**赫曼・赫**

塞[32]的《車輪下》、**梅爾維爾**[33]的《白鯨記》、**杜斯妥也夫斯基**《罪與罰》、**雨果**[34]《悲慘世界》、**島崎藤村**[35]的《破戒》、**夏目漱石**[36]的《三四郎》、**森鷗外**[37]《青年》、**坂口安吾**[38]的《白痴》、**武者小路實篤**[39]的《友情》等等。

我反正也沒別的事幹，便一頁頁從書裡想像畫面，一頁頁地耽溺其中。

我跟著《車輪下》的漢斯一起上了神學院，從一個前途大好的青年墜落了谷底，最後溺斃在河裡。我跟著《罪與罰》裡的拉斯柯尼科夫犯了罪，遇見了索妮雅後改過向善，親吻大地。我陪著《白鯨記》的船長亞哈，坐在捕鯨船皮庫德號上在大海中瘋狂地尋找背上矗立一柄魚槍的白色抹香鯨「莫比・迪克」。我跟著《悲慘世界》的尚萬強出獄，遇見了米里艾主教，洗心革面、改名換姓後經商有成，當上了市長又收留了貧窮的女工女兒珂賽特，並且投身革命運動，遭人識破身分逃亡，最後在羅馬梅街七號公寓，於摯愛的珂賽特與其老公陪伴下嚥下了最後一口氣。我跟著《破戒》裡的瀨川丑松，一起煩惱自己卑賤的部落出身，最後乾脆向世人坦白，離日赴美。跟著《三四郎》的小川三四郎被美禰子耍得團團轉、我跟著《青年》裡的小泉純一被坂井夫人的「謎樣眼睛」所俘虜。我跟著《白痴》裡的伊澤，一起撫摸美得像人偶般的瓜子臉美女白痴的髮絲、與《友情》裡的野島愛慕杉子愛慕得心慌慌，卻又慘遭無情的話語拒絕。我在最人生最幽深的暗谷裡，體會了讀書的快樂。

當焊接工那時候，最認真讀過的作家有**三島由紀夫**[40]跟村上春樹。我把他們的小說都買了回來，無論長篇短篇。

我傾心於三島由紀夫早期那些美得令人想讚譽為「語言珠寶盒」的短篇，還有《偏執狂浪漫譚》與《金閣寺》。

《金閣寺》以發生於一九五〇年七月一日的火燒金閣寺事件為底本，非常有名，名副其實是日本文學界裡的金字塔。三島以極其異常冷硬的獨特文體，把患有口吃的「命運之子」溝口一把火燒了美的象徵金閣寺，其背後的精神變化，尋著痕跡窮幽入微，揭隱於外。我讀的時候，不由得將溝口的「口吃」與自己的「性施虐癖」重疊在

32 Hermann Hesse，一八七七—一九六二，德國詩人、小說家。
33 Herman Melville，一八一九—一八九一，美國作家。
34 Victor M. Hugo，一八〇二—一八八五，法國作家。
35 一八七二—一九四三，日本詩人、小說家。
36 一八六七—一九一六，日本作家、評論家、英文學者，被譽為「國民大作家」。
37 一八六二—一九二二，日本小說家、翻譯家、軍醫，二戰前與夏目漱石齊名的文豪。
38 一九〇六—一九五五，日本小說家。
39 一八八五—一九五五，日本小說家、詩人、劇作家。
40 一九二五—一九七〇，日本小說家、劇作家、記者、電影製作人、電影演員。

一起，將溝口的火燒金閣寺與自己所犯的罪看成同類。

我覺得一本好的小說，不管是誰讀來都會覺得「這簡直在寫我吧？」，我也常有這種感覺。不過這本《金閣寺》於我實在比較特別，我真的覺得「這是我的故事」，因此它也成為我人生中的聖經。

喜歡村上春樹的人通常可以分成喜歡他的長篇或是他的短篇，至於我的話，硬要分應該是短篇。他的作品裡，我最喜歡的是《東尼瀧谷》。

人氣插畫家東尼瀧谷愛上了一名穿衣服穿得「好像要飛去別的世界的鳥，像把風穿在身上似的」女子，兩人相戀、結婚，但婚後不久，女子便遭逢意外過世，當真「飛去了別的世界」。喪妻後，忍耐不了心中那股空洞的東尼瀧谷於是僱用了一名跟他太太穿同樣尺寸衣服、鞋子的助手，要求這名女性在上班時間穿上他太太的服飾。這名女性同意了，但要求先試穿，於是東尼把她帶到了自己太太的衣帽間。女性試穿了衣服，也試穿了帽子，全都合身得好像為她量身打造一般。但忽然間，這名女性就哭了出來了。一滴滴、一滴滴地，眼淚潰堤。這個段落我看了好多次，看得我鼻頭深處熱麻。書中那寂寞，以它的喙子無情啄上了我的五臟六腑，讓我什麼也無法思考，難以言語的酸楚，讓人一瞬間好想放棄生命。《東尼瀧谷》這個故事沒有任何累贅的敘述，只靠氣氛的醞釀來讓人切身體會「原來失去人是這樣的……」我覺得這是一本把在邊緣界線的孤獨描寫得很現代的獨一無二之傑作。

作家就像是以語言為刃去料理題材的廚師。村上春樹以手術刀般冰冷銳利又充滿了無機質的字句，斡刺進了活生生、血淋淋的人類心理。他切開了人類奇怪複雜的精神，仔細正確地解剖。對我來講，他那流暢而不充滿壓迫、把一切交予讀者的文體，就好像是地震時隨著左搖右晃、吸收了地震力的柔性結構「五重塔」。

至於三島由紀夫則是拿著日本刀般華麗絢爛的語言，以近乎病態的偏執，去把材料切成以釐米為單位的一片片，在那混亂事物的斷片裡夾進他特製的思想，做成了光吃一口胃都快消化不良的三島牌超高卡路里特製漢堡。

如果文章也像格鬥一樣可以分成「關節技」跟「打擊技」，那在文章一開始先輕輕刺拳，從日常小事寫起，慢慢鎖住跟讀者之間的空隙，接著瞄準絕佳時機一把鑽入讀者胸前抱起一摔的村上，就屬於「關節技」了。只要一不小心被擊中一次，不管讀者怎麼掙扎，村上還是在轉眼間鎖住讀者的手腳，接著滑溜溜地連脖子都已經絞住，成功壓制了讀者。

至於用一句話表現出別人的一行字、用一行字寫破別人一頁，永遠從最近距離直刺事物核心的三島由紀夫，則屬於「打擊技」型。當上場鈴聲才剛響，他已經衝了出去連續給了好幾個膝擊，還來不及喘氣呢，又迅雷不及掩耳地以語言連擊，把讀者擊倒在地。

除了浸淫在書裡之外，從這段時間起，我也開始認真「研究」自己的事件。我找來所有提到我的事件的書籍，也看過了相關報導，甚至回溯到事件當時的新聞、雜誌記事等等。之外，我也調查了一下其他少年犯罪事件。

碰到了黃金週、盂蘭盆節、過年放假時，我就一個人到處旅行。第一個去的地方是奈良，因為我想去看跟蒙娜麗莎、人面獅身像並列為「世界三大微笑」的中宮寺「彌勒菩薩半跏思惟像」。就在中宮寺旁的廣隆寺裡，也有一尊同樣姿勢的佛像，不過我完全傾心於中宮寺這尊，從以前就想親眼看看。我覺得，在「創作」這件事上只要超越了某一個點，作品上就完全看不到「人為痕跡」了。譬如從事幻獸創作的H．R．**吉格爾**[41]的〈異形〉、地球上最美的無機物——米開朗基羅的〈聖殤〉。中宮寺的彌勒菩薩半跏思惟像也屬於這一類。另外當然也有像梵谷或**孟克**[42]那種由「人為痕跡」中透露出來的「美」。喜歡哪一種，就純粹是個人喜好了。

我也去參觀了金閣寺跟蓮華王院三十三間堂的千手觀音。然後不知道為什麼，我也去了自己沒參加的國中畢業旅行時大家去的長崎市。

在少年院的單人房裡，我曾經翻過國中畢業紀念冊，對裡頭一張照片印象很深刻。同學們排排站在日本二十六聖人紀念館外的〈日本二十六聖人紀念碑〉前，共二十六個人（大概是為了要湊人數吧，裡頭有七位看起來很像路人）全體合掌拍了紀念照。我心想有一天，我也要去看一下這個紀念碑。

由日本具象雕塑大師之最——舟越保武所做的這件〈日本二十六聖人紀念碑〉，厚實的青銅浮雕引人入勝。二十六尊等身比例的聖人像全體朝著天空伸出了手掌，把「殉教」這個字眼完美地化為了影像。明明以畫作來表現的話比較不費事，但刻意以雕塑這種立體手法表現，反而帶出了一股懾人的視覺震撼。

我小學時曾經在NHK的節目上，看過描寫帶領日本戰後具象雕塑界的兩大巨匠舟越保武跟佐藤忠良之間友情的紀錄片。舟越保武那時候已經半身不遂了，右手不能動，坐在輪椅上用左手拿著黏土刀在黏土上塑型。節目中，佐藤忠良有一句話令我印象很深刻。他在雨中，撐著傘站在生涯永遠的強敵舟越保武這件〈日本二十六聖人紀念碑〉前，低聲說了一句：「不甘心哪，大概是『比不上』了？」看著他們兩位互相尊敬、彼此認同，建立起深厚的友誼，我雖然當時還小，但也覺得「有朋友真好」。站在這件〈日本二十六聖人紀念碑〉前時，我突然想起了那個小時候看到的畫面，心

41 H.R. Giger，一九四〇—二〇一四，瑞士超現實雕塑家，曾參與電影《異形》中外星生物設計。
42 Edvard Munch，一八六三—一九四四，挪威表現主義畫家、版畫家。

頭一陣熱。

可是現在想想，其實很不可思議。我明明是個要待在固定地點才會安定的人，為什麼那時候刻意又花錢又花時間地一個人跑東跑西，到處去旅行呢？

我從十四歲到二十一歲為止，一直在與社會隔絕的環境中生活，這讓我有種自卑，難以抹除。我不知道一般人會知道的事、我沒經驗過一般人會經驗過的生活，或許我只是在努力找回那一段「失去的時光」吧？當然，那時候我完全沒有意識到這個事實。

不管是什麼工作，一定或多或少有些壓力，儘管我不跟人多廢話（或許這反而是原因），在職場上還是會碰上麻煩。

有一天，我跟另一位焊接工一起分擔某個量比較多的訂單。工作內容是把已經車削出螺紋的大約直徑三公分、高五公分的圓柱形零件，按照指定角度焊接在另一個寬五公分的正方形底座上。完成後的成品看起來像一座大砲，掌上型的大砲。這件工作其實並不難，麻煩的是訂單量有兩千個，而且要在兩星期後交。簡單地計算一下，一星期上班五天，兩個人做，一天要做完一百個才行。所以我在做第一個的時候，很謹慎地測量了角度，以這第一個成品為準，做了一個可以固定角度跟尺寸的「**治具**[43]」，以便後續作業。然後從第二個「大砲」起，我就擺在這個治具上焊接。這種作法在焊接大批製品時，是基本得不能再基本的常識。

跟我搭檔的是個頭髮挑染成褐色、一看就很滑頭的傢伙。我們兩人分工，每天都在趕這個東西，我因為比較快做完自己的份，就走到他那邊說：

「我做完了，你的分我一點，我也一起做吧。」

我提議幫忙。沒想到這個褐髮男大概是覺得我的話不入耳吧，嘖了一聲，伸手指著旁邊堆著的零件箱說：

「堆在那邊哪，要做自己拿！廢話幹嘛？你不是連休息時間也在做嗎？當然比較快啊。你焊再多，工錢還是一樣啦！」

我發現他每一個步驟都重新量角度、重新在零件上畫線，沿著記號線焊接，根本就是故意拖時間。

我默默把六箱裡的兩箱搬起來，走回自己的位置。

最後交貨趕上是趕上了，但隔天客訴就來了。我被部門老大叫去了公司門口。褐髮

43 譯註：預製工作臺，適合具高度重複性手工生產時使用。

男就躲在他身後一樣站在那裡。門口旁堆著一堆被退貨的八十公分尺寸的塑膠貨箱。

我們部門老大是個快四十歲的人，跟公司裡一些亂七八糟的傢伙混在一起，當他們頭頭。那個褐髮男也是他們那一群的。

之前我還住在簡易旅館時，有一天下班，這位老大約我去喝酒，算是給我開歡迎會，我說我沒錢也不會喝酒，他說他要請客。結果我還是婉拒了他，之後我就被討厭了，因為我不加入他們那狐群狗黨。他還會在工作時很大聲地故意要讓我聽見似地跟他們那一群人笑說我是「焊接瘋子」。

那老大從被退貨的貨箱裡，拿出一個成品丟到我腳邊，「你自己看看！」

我一撿起來，發現那品質根本爛得不能當作「成品」。焊蝕、過疊、氣孔洞，甚至還有連火花屑都沒清乾淨的。我一看就知道那不是我做的。

「這種東西能賣啊？」

「嗄？」

「嗄什麼！你給我寫報告！」

「報告」就是做出不良品的人，所寫的原因、改善方法跟反省。

「為什麼叫我寫？這又不是我做的。」

他一聽見我反駁，馬上說：

「你裝什麼傻啊?不是你是誰?(這時用拇指指了身後的褐髮男)他焊接技術好得很!」

我這時候也火了。

「你怎麼證明這是我做的?」

「你那什麼態度啊你!要什麼證據?你才進來幾年?才兩年而已耶,人家他進來六年了,怎麼可能會做出這種垃圾?」

焊接時,焊接的地方會出現波紋狀的痕跡,稱為「焊道」。從焊道上可以清楚看見焊接者的習慣。功夫好的人,焊道的波紋也均整漂亮。我的技術在部門裡也算頗有好評,他應該知道不是我做的,可是沒用,他一開始把我叫出去的時候就打算把責任推在我身上了。

反正我無論如何不接受栽贓,結果只好跟褐髮男一起被叫去老闆辦公室。那一批貨是新客戶下的單,對方已經揚言不再跟我們訂貨了。於是在查不出到底是誰做出不良品的情況下,兩個人都負起連帶責任,坐上老闆開的車,一起去對方公司低頭道歉,最後終於弭平了風波。

回到公司後,我跟褐髮男下了車要走回作業區時,老闆忽然把手放在我肩上。我們倆的目光一對上,他對我輕輕點了個頭。我看見他的表情便領略了過來,直到剛才還幾乎爆炸的滿腔怒火與屈辱，忽然間全都煙消雲散了，好像假的一樣。

「A，我跟你說，不管什麼事都要盡全力去做。只要你認真，總有人會看見你的努力。」

父親以前來少年院面會時，常對我這麼說。這樣一句在今天這種時代認真講出來會被人笑話的話，卻是我父親唯一的美學。也非常吻合我父親那誠實、愚直、一輩子埋頭苦幹的風格。在那一剎那，我似乎明白了父親話裡的含意。之後，我便更拚命工作。

把皮膚變厚，讓心的殼變硬。一天天規則重複下去就好。我只不過是一具機器。任勞任怨、能幹而毫無感覺的機器。從一個嘴巴吸進新的時間，又從另一個嘴巴吐出舊的時間。存在本身就是這具機器存在的原因。

——村上春樹《IQ84 BOOK3》

我在工作時，好像恍神一樣地一邊盯著焊接火花，一邊自我暗示般不停小聲重複這段《IQ84 BOOK3》背後的主角——可愛的福助頭怪偵探「牛河」的獨白，同時想像自己的腦正在變成電腦主機、心臟變成了發電器、肺是幫浦、血管是線路，如想像3D動畫圖一樣清晰地想像。這麼一來精神真的麻痺了，覺得自己好像真的變成了機器，就算碰到壓力也沒什麼感覺。語言當真是麻藥。

進入公司兩年後，我也有了自己要帶的後輩。是比我小一歲，從中國來的年輕人。臉長得有點中性，很娃娃臉。

他的日文雖然還支離破碎的，不過大概的意思都能了解，個性也直率，教什麼就做什麼，所以教起來並不費神。個性也很有親和力，會爽朗地跟大家打招呼攀談，隨身帶著筆記本，一聽見不知道的日文就抄下來。所以幾乎所有同事都對他很親切，只有部門老大跟他那夥人會教他一些有的沒的下流話來取樂。當我知道他們居然教一個那麼努力學日文、拚命想早點融入職場的人那種下流話時，氣得很想衝去揍人。

這位後輩給人的感覺跟小我一歲的弟弟有點像。我弟弟現在不曉得怎麼樣了……。每次看到他，就會想起我兩個弟弟。

我永遠忘不了我兩個弟弟第一次來少年院看我時的樣子。

二〇〇〇年八月。事件發生後第三年夏天，我十八歲，大弟十七歲，二弟十六歲。

我用力深呼吸了一口氣，敲了會面室的門。走進去後，父親跟兩個弟弟正坐在沙發上。他們兩個的變化之大令我詫異。

擁有我們家族裡罕見的雙眼皮，皮膚細緻，頭髮柔細微褐，小時候常常被誤認為女生的二弟，如今已經晒成了小麥膚色，那麼中性的一張臉，而今稜角分明、目光精銳。倒三角形的上半身，從T恤袖口下露出的一雙手臂像大木頭一樣地堅實，只有那手指頭還是像鋼琴家般纖細。看見那對比，更令我心如刀割，看得出他為了克服難關盡了多少努力。

而我的三弟，原本一張令人印象深刻的圓臉如今顴骨突出，顯得精悍。一頭短髮用整髮劑抓直，只有那對遺傳了母親內雙的眼睛還是那麼溫柔。

這兩人在外表上的改變，比任何語言都強大地訴說了在事件發生後，這三年來他們承受了多少痛苦，他們是怎麼用那弱小的肩膀互相倚靠，咬緊牙關一路熬過煎熬的每一天。我感到震撼，愕然無語。罪惡感像老虎鉗一樣鉗緊了我的心。

在他們面前坐下後，我依然沒辦法正眼看他們，最後在一旁的教導員催促下，我終於開口：

「好久不見。」

兩人有點尷尬地對我笑著點頭。我不曉得接下來該說什麼，也不知道當時在想什麼，忽然開始講起少年院裡每天規定的日課跟時間安排。幾點起床、白天幹嘛、一週洗幾次澡、晚上幾點睡覺等等的，單方面一直講。其實一看到他們，我馬上應該道歉，但我卻在他們那完全變成了另一個人的外貌上、那已經成熟的臉上看見了深深鑿下的苦惱痕跡。當我在少年院裡受人照顧、過著安穩的每一天時，他們卻正努力熬過了多少難關？在我不知道的時候，他們到底經歷了多少辛酸？這些全都一下子攤在眼前，讓我心慌如麻，不知道到底應該怎麼道歉，只能隨便想些五四三的話題。

我說完了後，二弟輕輕笑了笑：

「很健康耶。」

接著又是一陣沉默。這一次，換三弟開始說起在餐飲店打工的事，幫客人點餐時有什麼訣竅等等的。由於在少年院裡大家都說普通話，只有父母來時才有機會聽見關西腔，我一邊聽著三弟濃重的腔調，一邊想：

——以前口音有這麼重嗎？

面會快結束時，我心頭一定，坐直身體，向他們兩人低下頭。

「對不起，都是因為我，害你們吃了那麼多苦，我對不起你們！」

當我怯生生地抬起頭時，二弟嘴脣顫抖地身體往前彎，拚命想忍耐什麼似地，但他終究忍不住放聲大哭。必定是讓他想起了那些辛酸、那些慘惻不願回憶的事。

三弟坐在痛哭的二弟身邊，好不容易才開口，顫抖的聲音裡夾著淚。

「A，我從來沒有恨過你，到現在我還是很高興你是我哥。」

三弟這句話，揪緊了我的心。我是他哥怎麼可能會是一件好事？我奪走了他朋友的命，為什麼他還要講這麼體貼的話？我害他承受了那麼多折磨，為什麼比我不知道痛苦多少倍的他還要反過頭來擔心我？

會面時間結束了，我走出會面室前在門口轉身，再一次對他們倆低下頭。二弟已經不哭了，他睜著紅腫的眼睛直勾勾盯著我，也對我點頭，右拳握緊，舉起來好像在對我說：

「加油！」

看見那手勢，我真的好不容易才把心頭翻騰湧起的一股情緒給壓抑住。

回到房間後，一關上了門，我便衝進廁所，跪在地上，頭抵著牆壁泣喊著他們兩人的名字。為什麼我對著牆壁，為什麼我不是對著他們這樣道歉……。

之後，我寫了道歉信給他們兩人。我並不期待他們能真的原諒我，但我無論都想把我對他們兩人無比的歉意、懊悔以及反省化為可見的形式，傳達給他們知道。無論我的表達有多拙劣。

過了幾週，我收到了他們的回信。二弟在信裡跟我說了他喜歡的漫畫。在信紙最後，他這麼說：

「你跟我，我們都從那以為沒有盡頭的迷宮裡走出來了。」

我看到這行字時才猛然醒覺，原來他一直跟我這個害他受苦的人並肩努力，跟我一起痛苦、一起掙扎，我覺得好高興，又很對不起他，淚水像斷了線的串珠。

記得小學三、四年級時，有一次我跟他去附近公園玩，也忘了為什麼會跟後來來的同樣小學的高年級生吵起來。我被推倒在沙地上踹得亂七八糟，全身是沙地蹲在地上。二弟一直從沙地的角落看著。

等到高年級的人走了後，二弟馬上衝過來：

「A，我們練少林功夫，變強了以後去復仇！我陪你一起練！」

他這麼激勵我。那時候他正跟著我一起去少林寺道場練習。二弟眼中噙滿了淚。這個弟弟總是敏感察覺到別人的苦、替別人著想，關心哥哥。一想起他眼裡的淚，我就滿心愧咎。我把這體貼的、疼惜哥哥的弟弟人生毀得一團亂。

如果二弟真的已經從那迷宮裡走了出來，那對我來講真不知道是多大的救贖。但我還沒走出去，從「那迷宮」裡。我大概一輩子都走不出去了，也不可以走出去。出去更令我煎心。我應該背著對我弟弟們造成傷害的罪惡感，好好受折磨，否則我難以自持。

從我有記憶開始，我就不停找我二弟麻煩。我毫無由來地揍他、講些難聽話傷害他纖細的心，我把他逼到得了**抽動症**[44]為止。我破壞他珍惜的腳踏車，弄壞他認真做好

44 譯註：tic disorder，突然快速無原因地重複同樣聲音動作。

擺在桌上的一堆鋼彈塑膠模型，最後我甚至還毀了他的人生。

忘了是從什麼時候開始了。每次我毀了他的寶物、對他施暴之後，就會在他桌上放個五百圓或百圓硬幣。我心底大概有什麼地方覺得很抱歉吧？或許那也是我在某種形式上所盡力表達出來的「對不起」？難道我覺得這樣做就可以被原諒了嗎？為什麼我不能更懇切地當面道歉？更甚者，為什麼我不能對他更寬厚溫和一點……？

小學五年級時，有一次全家要去親戚家的路上，他在車子裡這麼問我：

「A，你為什麼這麼討厭我？」

我不知道該怎麼回答。他的眼神既不是生氣、也不是責備，而是非常非常悲傷。那眼神好像已經看透了一切。他什麼都知道、什麼都曉得，他清楚。他知道我對他的厭惡。但他的眼神只是不知道為什麼自己會被我討厭、那純粹的不明瞭甚而有種放棄了一般的黯然。我每次想起那眼神，就覺得心都裂了。

我當時大概是嫉妒他吧。他又會念書、又會運動、性格開朗、人緣又好，備受親戚們喜愛。我嫉妒這個擁有一切我沒有的優點的次男。

或者我是希望母親的關愛全都對著我，所以覺得次男很礙眼？老實說，我也不知道我當時為什麼要欺負他到那種程度。當然我也知道這不是一句不知道就可以帶過的事，可是我真的不知道。

我一進入少年院之後，馬上就收到了二弟寄來的信。那一年他十三歲。一張信紙上，抖顫顫的鉛筆線條勾勒出了他的左手。大概是母親要他寫信給我，可是他完全不曉得該寫什麼吧，只好畫了一個自己的左手掌形。我在少年院單人房裡接過了那封信，把它放在桌上，把自己的手也對上去，哽咽抽泣。

二弟描著自己的掌形時，那雙小手到底有多麼地不安恐懼、害怕悲傷以及混合了對於我的不諒解呢？每次想到這裡，我就覺得很難過，難過得痛澈心扉，對他很抱歉。我有時候還是會拿出那封信，把自己的手放在他的手上，這樣的話，不管是多煎熬的時刻，我都能告訴自己，跟他那時候勾著自己掌形時的酸楚相比，根本就不算什麼。「再努力一下吧。」我就能這樣鼓勵自己。

我打從心底真的很珍惜這樣一個在他自己最難熬艱苦的時候，還依然願意那樣給我溫暖的弟弟。我對於自己從事件前到事件後，一直帶給他那麼多痛苦與傷害真心後悔懊惱不已。

三弟寄給我的信則是寫滿了鼓勵我的話，滿滿都是關懷。在信紙最後，他這麼寫著：

「不管怎樣，你都是我在這世上最重要的兩個哥哥之一！」

他彷彿也在喊給他自己聽。他那分體貼，只有令我更痛苦。

我無法想像當他知道那麼殘忍虐殺了常跟自己玩在一起的好友生命的人，就是自己的哥哥時，他心中有多驚慌失措、恐懼以及絕望。但他連一句怨言也沒對我說，他依然鼓勵我、包容我、關懷我，而我對這麼關心我的弟弟又做了什麼呢？

我曾經拿空氣槍打他的臉。我曾經把他推去撞客廳玻璃窗而害他的臉受傷。我曾經毫無緣由一直痛毆他的頭，儘管他一直哭著跟我道歉。他一定很痛吧？一定很害怕。而我甚至還用那樣的手段奪走了他珍貴的朋友的性命，把他的人生毀得一團亂。一想到自己對這個體貼的弟弟到底做過多少過分的事，我就想把自己打死。

為什麼我會是他哥哥呢？我跟這個對誰都沒有分別心、人簡直好得過分的三弟完完全全不像，我跟他根本就天差地遠。如果他願意把心中憤怒跟憎惡朝著我丟來、痛罵我、痛揍我，就好像我狠狠地揍他一樣，那我一定快活多了。但他卻是那麼體恤。明明我一直想傷害他，他卻反過來安慰我；我一直想把他推開，他卻包容我、接受我；我不要他原諒，他卻拚死拚活就算自我折磨也要原諒我這個哥哥，可是那體貼……那體貼對我而言，等同拷問。

我的兩個弟弟根本就是我的「受害人」，毫無疑問。

也許是因為這樣吧，我覺得至少要把我讓我弟弟們哭得那麼慘、傷害他們那麼深的分，在中國來的後輩身上補償一點，對他好一些。儘管這根本不能彌補我弟弟們什麼……。

在社會裡，身為一分子，謹守社會的規矩禮節，認真工作、平凡生活。這些事情，在我奮不顧身衝進社會裡想盡一切辦法就是要工作、用盡所有的努力就是要生活之前，我從不知道這麼平凡而「理所當然」的生活其實需要那麼努力、操勞而又是如此地幸福。我從來，沒親身體會過。

在社會裡生存雖然很辛苦，但正因為很辛苦，才感受得到日常生活裡細小的幸福，才會發覺，原來與人之間的連結是這麼溫暖窩心，我真的從周遭的人身上學到了太多。

成為對人有用的人。受信任、被需要。我發自內心單純地快樂，覺得自己終於也是被社會接受的人了，有了自信。我第一次靠著自己的力量站穩了腳下一方天地，我感受到努力的成果，充滿了充實感。

可惜這樣正面的情緒並沒有維持太久，很快就被打個粉碎。

有一天，公司裡帶我的前輩約我去他家吃晚餐。他是個有家庭的人，我租房子時就是他當我的保證人。除了在工作上照看我之外，每次看到我這個人際二百五跟同事有了什麼不愉快，他也會插手進來挺我。雖然乍看下有點魯莽，但其實是個工作能力很好的人，在公司裡也是數一數二的好手。很會體察別人心情，很受敬重。我也很尊敬他、信賴他。

其實前輩也隱約察覺了我大概有什麼難以啟齒的過去，可是他也因此從來不問我的過去。面對這樣的恩人開口約我去他家，我實在是有點猶豫。我想拒絕。我這麼汙穢的人怎麼可以進去人家家裡？人家是個認真過活的人哪，但我又覺得他向來不計利害關係，對我關懷相挺，我這樣拒絕人家實在說不過去。於是最後我答應了。

當我去到他剛貸款買的新家，前輩帶著老婆還有剛念國小的女兒一起出來門口迎接。那一剎那，我忽然被一股難以言喻的恐懼團團包圍，腳步沉甸得提不起來。我覺得我果然不應該來，我不能來。

在餐桌前坐下後，我也完全沒有胃口。前輩的女兒就在眼前開心快活地跟我講她在學校裡的各種生活還有朋友的事，偶爾也會拋來一兩個問題，你從哪裡來、你家裡有幾個人等等的。我連一句真話都不能說，心底五味雜陳。

天真活潑、毫無戒心，對著我微微彎著眼笑的眼神，喜孜孜的眼神，瞬間在我眼前跟從前被我下手殺害的兩名年幼受害者的眼神重疊在了一起。

應我要求，好心幫我帶路的彩花。直到最後的最後一刻嚥下一口氣之前，她望著我哀求的眼神。誤信我「帶你去看烏龜」的謊言，以為可以跟我去玩而高興得邊哼著歌、邊跟我走的淳君。他天真無邪的眼神。

我不行了。這時候的感覺已經不是言語可以說明的了。

結果我居然在吃到一半的時候，突然說我身體不舒服要回家，連前輩說要送我回去，我也直接說不用。最後像逃也似地逃離他家。

回家的公車上，我不曉得為什麼眼淚一直掉個不停。我出了社會後不知道飽嘗了多少酸楚、湧現過多少悔恨，但從來沒有任何一刻比那時候更凌遲我的心。我自己在毫無自覺的情況下奪去的生命有多沉重、犯下的罪孽也多麼不可能抹滅，這些事實好像忽然全都湧到我面前，毫無保留赤裸裸地直接攤開在我眼前。我想，這世上有可以彌補的罪跟不能彌補的罪，我所犯的無疑是後者。沒有任何一刻比這瞬間更讓我痛澈心扉地體悟到了這事實。

我心想，早知道的話就不要從少年院出來了。在少年院裡的生活，就某種意義而言算是「無菌狀態」。不管好壞，它都把刺激降低到最少，雖然不自由，但至少可以保有自己。

出了社會後，藏起過去，以「另一個人」的身分跟別人接觸，接觸多了，有時候會忘了自己是誰。但總在這樣的時刻，忽然憶起，想起了自己是誰、做過了什麼，一下子從天堂掉落谷底。我親身體認到不管再怎麼努力、不管再如何拚命，只要越線一次，你就永遠不可能再跟別人站在一樣的地平線。

那一天之後，我跟前輩就很少再好好講話了。他大概也覺得我怎麼忽然生疏了起來，「這傢伙怎麼回事啊？」心底很不舒服吧。

壞事有一就有二。有一天工作休息時間，我正在自己的位置上放鬆時，中國來的後輩突然拿著超商買的即可拍相機過來。

「A桑，拍照拍照，我們，一起。」

他開朗地笑著，說想跟我拍張照片，寄回去給在中國的家人。我一聽，渾身緊繃，跟他說我不喜歡拍照。但他不曉得是沒聽見還是裝傻，總之拿起相機就對準我按下快門。閃光燈射進了視網膜裡，腦中頓時空白。下一秒鐘，我已經搶過了相機丟在地上整個踩爛。等我回神過來時，後輩大概是被我整個變了個人的歇斯底里給嚇到了吧，好像受到了很大的震撼，正怯生生看著我。我心想，我真的太離譜了。我從錢包裡拿出一張千圓鈔，遞給他說：「對不起。」後輩的眼神從膽怯轉為悲傷。

——「A，你為什麼這麼討厭我？」

二弟的臉龐浮上心頭。他正用跟二弟那時候一樣的眼神看著我。他沒有收下錢默默地走了。一股強烈的自我厭惡感往我撲來。

被人信任？

對別人有用？

被需要？

被當成社會的一員接納？

這全部都只是幻想而已。

我正在騙別人。自從冒出了這種想法之後，我就越來越退縮，越怕跟別人接觸。有好幾次我都在受不了罪惡感的情況下，衝動得想跟前輩、中國人後輩還有老闆坦白自己的過去。

當我跟其他同事一樣，每天工作、過著普通的生活，有時候我會誤以為自己也是個尋尋常常走來的普通人。

但當我進去公司廁所，把門掩上的那一瞬間：

——我是個扼殺了別人生命的人哪。我不但殺了人，還做了荒唐至極的惡行，我是害遺族們痛苦至今的人哪。

真實的感覺一下子竄遍全身，霎時我覺得自己根本就不應當存在於門外那遙遠的世界。「背負罪孽在社會上活下去」的真意，我算是切膚之痛地苦嘗到了。

自己是個披著人皮混進了社會裡的禽獸。就算外表看起來我生活過得再怎麼普通，我還是不能跟別人生活在一樣的地方。自從我強烈意識到這無從改變的現實後，我就把自己逼進了自身的殼裡。撐不下去了。我直覺自己再繼續待下去的話，一定會壞掉。

二〇一二年冬天。我向待了三年三個月的公司提出了辭呈。

渺小的回答（二〇一二年十二月～）

離職後，我到處做短期打工過活。幾乎不跟任何人講話，也澈底避免與人來往。

從少年院出院後，每年彩花忌日的三月二十三日跟淳君忌日的五月二十四日，我都會寫信向兩個家庭的遺族謝罪。就算生活緊迫或心情不太輕鬆的時候，我也絕對會寫。

每年一進入了三月，我便著手寫信。除了工作之外大門不出，一直待在家裡捧讀著淳君父親跟彩花母親各自寫的書，還有以前錄下來的所有事件相關紀錄片，按時間順序一片一片看。我不看電視、不聽音樂，把自己拋到深山裡隱遁一樣地專注著只想著受害者的事，如此度過三個月。

慢慢地，心情開始不穩定了起來，犯案時的情況開始閃現，晚上噩夢連連。一到了這個時期，我便會時常夢見死刑。我夢見自己被兩名法警挾著腋下，走在昏暗的窄廊上。他們告訴我：「有人來會面。」但我知道那是假的，可是我假裝不知道，故作平靜地朝向走廊盡頭的房間走去。每踏出一步，心臟便撲通撲通地跳，越來越恐懼。法警打開了沉重的鐵門，我看見了絞刑用的繩索。我好害怕好害怕，受不了開始哭喊要逃，但兩名法警緊緊扣住我手臂，把我拖著走到繩索前面。我的臉被蒙上了袋子，雙手被扯到背後銬上了手銬，法警壓住我掙扎狂動的頭，把繩索套在我脖子上。繩上的小刺，扎進了皮膚。喀啷！腳底下的地板打了開來，我掉了下去。脖子被猛然勒住，瞬間無法呼吸。臉上好熱好熱、頭腦裡感覺快要爆裂了。窒息的痛苦到達了顛峰的那一刻我醒轉過來。終於又能夠呼吸。脖子上灼痛。做噩夢時，我搔抓了那裡。頭髮、額頭、枕頭、棉被全都早已被冷汗濡得溼漉漉一片。我開始害怕睡著，盡量晚睡。睡眠不足導致我臉色蒼白。食欲全失，一整天都覺得渴，像牛一樣喝水。血氣盡失，想吐。有時候真的就吐了出來了。周圍的聲音聽起來迷濛如霧，時常沒發現別人正在跟我講話。手腳開始遲鈍，整個人被不舒服的浮游感團團包圍，像在水中生活一樣。在這種狀態下，我開始把字寫在紙上。

真正最痛苦的，還是在把信寄出去之後。淳君父親與彩花母親每年忌日都會發表感言。他們告訴媒體有接到我的謝罪信，說出他們的想法。我跟受害者家屬都互不知道對方住在哪裡，所以我只能透過媒體來知道他們的心情。在他們回應之前，我的心一直是懸著的。

二〇〇九年左右，回應中開始稍微表示接收到了我的心意。當然我知道這絕對不表示他們能原諒我的所作所為、原諒我還活在這世上。我完完全全清清楚楚。我也知道，儘管只是一兩句稍微肯定一點的話，對媒體公開發表都是一件多麼痛苦煎熬以及需要勇氣的事。一念及此，我根本無法抬起頭來。

我之所以持續寫信給被害者家屬，出於兩項動機。

一來我純粹想向他們傳達我道歉贖罪的心意。我一直被罪惡感所苛責。我想讓他們知道我誠心謝罪、我從沒有一日或忘被害者的事、我至今仍為了自己的所作所為而受苦，我想用我自己的話，來讓他們感受到我的誠意。

另一件事，則是我想確定「我這一年是不是沒有鬆懈地努力活了過來？」我自問自答。我想釐清自己過去一年面對人生的方式，這也是我寫信給被害者家屬的原因之一。如果我不能向受害者家屬傳達我的心意，那麼過去一年就白活了、我根本什麼都沒有思考。我還是跟犯案當時一樣是個怪物，什麼也沒變。這樣我不但背叛了我自己，更背叛了至今為止相信我、支撐我一路過來的許多人，我不願意這樣。

隨著一年一年過去，寫信的壓力越來越沉重。每當忌日即將來到，我便自我懷疑今年真的有辦法好好寫嗎？不安與恐懼鋪天蓋地而來，我覺得自己已經到達了極限，除了寫信外什麼都無法思考，感覺整個人快被壓力滅頂。

別的事也令我消沉。每當有跟我年紀差不多或年紀小的人犯下了動機難解的罪行時，專家們二話不說一定會提起我，語氣裡盡是我這個人撒下了罪惡的種子。當然被這麼說也沒辦法，我根本沒有資格反駁。我也沒有權力說話。因而更空虛、更懊悔。

當焊接工的那時期，我沉迷於書堆裡。辭職後開始受到一股衝動所驅使，想把自己的故事用自己的話來說。我挖掘記憶的墳墓，將過去的遺骨一個個仔細撿起，拼排組立，以我至今為止學得的語言，細細賦予這輪廓菲微的骨骼血肉。法醫學者將一具白骨重現成生前的樣貌，我也利用語言，朝著自己喪失的人生、這空殼般的人生重新吹進一口氣。除此之外，我別無存活之法。對我來講，「書寫」是確認自我存在、找回自己生命的法子。一開始，我只是在手機上打下某些斷片式的簡短文字，文字潰堤，手機的小小螢幕已經不敷使用，於是我轉而在電腦上正式作業。

如今回頭看，我在當沖床作業員的時候喜歡上了首飾設計，在建設公司時期喜歡紙雕，之後在四處顛沛流離的生活中，也依然沉迷於拼貼。雖然每隔一段時期興趣就會轉變，可是一直沒變的，是我對於「創作」的著迷。創作對我來講已經是種生理現象。雖然我當時沒察覺，可是或許我一直想藉由創作來自我治療，也一直努力地這麼做。也許我是想藉由創作出一些什麼、表現出一些什麼來把我自己治好。而我最終到達的治療法是文章。我已經只剩下語言了。

一路尋找容身之地，一路迷惘。不管去到哪裡，我永遠都是局外人。漫長徬徨的迷途盡頭，我最終找到的安身之所、能讓自己安心做自己的空間唯有在我自己體內。我只有剖開自身，從自己身體裡，用自己的話語建築起一個生存的角落。除此之外，我已別無其他求生之術。

就像佛雕師傅雕刻佛像一樣，我也用語言的斧鉞，一削一銼地鑿出自己的故事，就在一刻一削之間，我一直在腦海裡思索一道難題：

——為什麼不能殺人呢？

這是我犯案那一年的夏天，一個十幾歲的男孩在電視上一個觀眾參與的新聞討論節目中，提出的質疑。被邀請去上節目的作家跟評論家，沒有一個人回答得出這難題。如果那男孩問如今已經長大的我「為什麼不能殺人呢？」我只能這麼說：

雖然不知道為什麼，但是你絕對、絕對不能做。如果做了，你自己會承受遠超乎你所能想像的無邊苦難。

我知道這毫無任何哲理、平凡過頭的答案應該不能讓那男孩接受，可是這是我從少年院出院後，在這十一年來背負著沉重的十字架，掙扎求生下來後，所僅能找到的唯一「答案」。

不管有什麼理由，只要你下手奪走別人的生命一次，那分記憶便會深深烙印在你身體與心靈的最深、最深處，永遠也不會消失。不管你表面上過著再怎樣平凡的生活，你一輩子都得被它拉扯著走。而最最令人辛酸的，是當你碰到了別人的好意與溫暖，你再也沒有辦法像別人那樣直爽地感受到那分「欣喜」與「幸福」。別人的真情，有時於你只是凌厲的利刃，將你全身扎遍。於是到了這地步，你終於知道，自己過去賭上了所有一切如此唾棄的這世界，原來竟如此美好，美好得太過殘酷。我以前沒有預料到，要把自己拋棄的做為一個人的「心」給找回來，竟是如此困難與艱辛。你越是認真活著、你越是努力做人，越是伴隨著巨大的痛苦。那麼乾脆放棄吧？放棄所有感受、放棄生而為人的所有一切？但這世界又是那麼地美好、溫柔而和煦。於是你只能一邊忍受折磨，一邊詛咒再也無法觸碰到這一切的自己。

我不知道到底求過了多少次，希望時光能夠重來。還沒有犯下罪行前的孩提時代是那麼地溫馨令人懷念。我好想回到那時候，把一切重頭來過。這一次，我一定會好好活著。但來不及了，一切都來不及了。不管我如何乞求、如何祈望，一切都再也不會重來，所以至少、至少，我再也不要傷害任何人，我要好好正視別人的痛苦，連同受害者以及過去被我傷害過的人的分在內，我要對周圍的人更好。至死為止，為了自己所做過的事而不斷「苦惱」，用我自己的話來傳達。「為什麼不能殺人？」這個疑問，我打算用一輩子來回答。

我希望想知道「不能殺人的理由」的少年們，永遠不要嘗到這樣的苦痛。

路（二〇一五　春）

喀答、喀答。聽見什麼東西拍打窗戶的聲音，我醒了過來。從被窩裡鑽出來，打開窗簾，才發現忘了收衣服。

是說，天氣真好。

放假時我總是像隻鼴鼠一樣窩在家裡，但一年總有一兩次會很想晒太陽。

我把衣服收進來，刷牙洗臉，刮鬍子，隨意放鬆地出門散步。

走路大約十分鐘的地方有個公園。我走進公園裡，在藤架下的涼椅上坐了下來。過了一陣子後，一對年紀跟我差不多的夫妻推著嬰兒車，走進了公園。

他們把嬰兒車停在公園正中央陽光燦爛的草坪上，身穿灰藍雙色連身洋裝、頭上戴著頂白色報童帽遮陽的母親，彎下身把嬰孩抱起。

年輕的母親把孩子抱在手上，上下輕輕擺動，上半身也隨著輕緩地左右搖擺，讓這剛出生的新生命碰觸這恬靜美好的世界。

我開始想像。不曉得這嬰孩取了什麼名字？父親跟母親求婚的時候說了什麼呢？孩子呱呱墜地時，母親跟他說的第一句話是什麼呢？

不，我沒資格想這些。我猛然回神，趕緊停止。

小嬰兒快活地把小手伸向母親的臉頰。母親的微笑看起來好幸福。在一旁守著的父親戴著銀框眼睛，短髮高個子，乾淨耿直而溫柔的笑臉。聚集在他們身上的光線全然不依附在沖天耀眼的陽光下，這些光凜然自生，什麼也不仰賴地像阿米巴原蟲一樣不停增殖分裂，從一粒粒小小的光中，又分增出了一粒粒更微小的光，密密麻麻融進了三人身旁春日和煦的空氣裡。看著那光景，我心想：

——我奪走的就是這個。

這「尋常無奇的日常光景」。這看似平凡，卻沒有任何東西足以取代，飽含了人之所以活著的奧祕，高貴聖潔的光景。

我從被害人與他們家屬身上奪走的，就是這尋常無奇的光景。我親眼看見並且實際感受到了。我發現自己太過汙穢，實在不應該待在那裡。我從涼椅上起身，走向公園出口，逃離這我不小心闖入的陽光燦燦的天地。

離開公園後，一邊步履快速地走著，忽然間很想抽菸。我走進超商，買了一包紅萬寶跟一個打火機，在門前的抽菸區拆了封條。白色外包裝的上半部有個據說象徵了女性紅唇的紅色商標，設計得獨特而秀逸。我很喜歡這對比鮮明，令人印象深刻的紅白設計。紅色令我想起生理的血液，白色則令人連想到精液。對我來講，「紅」與「白」正是「生命之色」。

差不多小學六年級的美勞課時，我在人腦造型的紙雕上插了很多美工刀的刀片，塗上了紅白顏料，做成一個彩色雕塑。我一邊想起這件事，一邊從菸盒裡取出一根菸，聞了聞。稍微有點油膩、令人懷念的味道飄進了鼻腔。二十年來第一次。我吸了一口，濃厚的菸團像鉛球般沉進體內，壓迫了氣管，喉嚨痙攣咳了出來。我愣愣地看著指上夾的菸，懷疑自己以前真的抽了這麼毒的東西嗎……？我再次把菸叼進嘴裡，閉上眼睛，用力深深吸進肺裡。頭腦暈暈的。我睜開眼，抬頭望著那好像把人的皮膚塗成藍色一樣充滿彈性而柔滑的天空，緩緩吐出。秀媚微暈的春陽靜靜照在我身上。對罪人來講，明亮的陽光不過是地獄的業火。

我現在到底站在哪裡？

「我要一個人活下去。」下定決心轉身飛離安全的保護籠已經過了十年了，可是我想要的，也許只是逃避吧？

逃離過去。

逃離我自己。

可是不管我走到哪裡，我都沒有辦法逃離我自己。

算了，別逃了。不管容身之地在哪裡，身上背負的十字架有多重，就留下多深的足跡吧。穩穩地踩，一步步地走，把這不會重來的一剎那、一剎那清清楚楚踩成自己的足跡吧。

我熄滅只剩下一半的菸，把還有十九根菸的菸盒整包丟進了垃圾箱。

我用力踩在地面上，踏出了步伐。

不管要繞多遠，不管要走得多迂迴盤折，希望有一天，生涯盡頭回首來時，足跡已成徑。

謹致被害者家屬

首先我要對於在未取得各位的同意之前出版這本書，深深致歉。真的很抱歉，不管你們要怎麼批判，我都甘願接受。

我知道不管我說什麼都會被當成藉口，但我還是希望能好好地說明為什麼我一定要出版這本書的原因。

二〇〇四年三月十日。我從少年院結束了感化教育以來，這十一年裡我一直用盡全力在泥濘中掙扎、爬著、拚死拚活尋找一個可以讓自己背著自己所犯的罪愆活下去的空間。跟一般人一樣，我也在社會中碰到了矛盾，遇到了不合理、懊悔、受打擊、意志消沉得對一切都感到疲倦厭惡。每一次都是在最後關卡上，在周遭的人幫忙下才好不容易撐了下來，繼續在社會上生活。但是我非常抱歉，我以這罪愆之身在社會中與人相處、往來的每一天中，迷惘了，我無法保持心靈平衡，像一般人一樣地生活。我沒有一般人活下去的力氣。我知道，這不是一句「沒力氣」就可以解決的事，我非常清楚。可是真的除了寫這本書之外，我已經沒有任何辦法可以在社會上找到一個帶著罪愆活下去的地方。我知道這不能被原諒，我也很清楚這根本不成理由，我真的萬分抱歉。

我曾經以為，自己再也沒有什麼東西可以失去了。我把這當成是自己的優點，雖然傲慢，但我曾經以為自己是靠著自己生活。我錯了，大錯特錯。就連我這樣子的人也有許多我並不想失去的人。當他們哭，我也跟著傷心；當他們笑，我也跟著歡喜。我發現，是這些無可取代、我不願意失去的、對我來講很重要的人孕育了現在的我，讓我能夠活下去。

可是就像這些人對我來講很珍貴、無法取代一樣，被我奪走生命的淳君與彩花對各位來講也同樣珍貴，也是極其重要、不可取代的存在。而我卻把如此珍貴、無以替代的存在從各位的手中奪走，我真的深深切切、痛徹領悟到了自己到底犯下多不可能被原諒的罪、做了多無法重來的事。而這一切對我來講已不只是道理，而是伴隨著苦痛悟澈到的沉重無比、清楚得不能再清楚且毫不留情的現實。

一路以來，我做過了各種工作，非常努力不顧一切地工作。跟我一起工作的人，大家也都是拚命地在為生活打拚。

有人為了賺錢醫治生病的太太，每天加班到很晚，連自己的身體都搞壞了。

有人工作一直不上手，每天被罵到臭頭，但拚命做筆記，連休息時間也拿來練習。

有人為了保護身旁工作的夥伴，自己卻被堆在旁邊掉下來的材料砸成了重傷。

這些認真工作的人，看在我眼裡真的滿身光輝。大家都那麼努力認真地過活。每一個人都有自己的苦、自己的痛，有生而為人該做的事情與幸福，有自己要守護的事物。大家都會受傷、都在泥濘中打滾，流淚流汗、咬緊牙關地承受此刻這絕不會再重來的生命重量，使盡全力地活。他們接受自己生命之重，並且珍惜著。甚至連我這個他者的生命重量也一併承受並且珍惜。

我覺得自己在事件當時，好像對於自己與別人的生與死都只是當成了「活著」與「死了」的字眼跟記號，沒有觸感、沒有味道，像是假的一樣。可是人「活著」絕對不是無色無味的「字眼」或「記號」。人活著，是看得到的、聞得到、碰觸得到、溫暖而輕柔、溫柔而尊貴、高潔、美好，人活著是絕對、絕對不可以傷害、無法重來的存在，更最重要的是，活著是如此動人。這是我在社會上實際經歷了各種苦痛後所切身感受到的事實。在跟人相處、接觸的過程中，我親身體會到了所謂「活著」，光是這樣而已，本身就已經是無可取代的奇蹟。

而我活著。

當我無比感激這件事實的同時，也對於自己從前把「活著」這件事從淳君與彩花身上奪走感到無比懊悔與痛苦。當我自己開始「想活下來」之後，我才終於知道人「活著」的偉大、生命的尊貴，我才終於切身體會與感受到，也才開始認真思考淳君與彩花當時又是如何地「想活下來」，而我又令他們徒留多少遺恨。

奪走兩條人命的人，自己卻開口說「想活下來」，我知道這完全不可理喻。我雖然知道，也清楚明白自己根本沒有資格活下來、自己應當去死，可是越是知道、越是明白，就越想活下來，毫無辦法得連自己都受不了地如此虔心祈求「請讓我活下來」、「我想活下來」。丟人現眼、令人作嘔地如此渴求著「生」。不管在如何悲慘的環境裡，我也只想呼吸、想活下去。到了現在，我才這樣珍惜「活著」這件事。為什麼我不能在鑄下大錯前就有這種想法呢？我真的覺得很愧咎、很懊惱、萬分悔恨莫及。我完全沒臉面對淳君、彩花以及你們的家人，深深、深深地感到慚愧與歉疚。

活著如此尊貴。

生命如此不由分說地美好。

這麼重要的事、這種大多數的人都感受得到的事，為什麼我沒有早一點體認到？如果我早一點懂得，應該就不會鑄下那樣的大錯了。為什麼我沒有在事情演變成無法彌補的最糟情況前覺醒呢？早在我犯下大錯之前、在許許多多視而不見的情況裡，不是早就有機會注意到了嗎？不是早就有很多人想要點醒我了嗎？我一直想著這些事。

現在無論我說什麼、怎麼想、怎麼後悔、反省都太遲了。我千真萬確犯下了無法彌補、不可原諒的大錯。在這種情況下如今還寫了這本書，我相信各位一定悲憤填膺。

這十一年來，沉默便是我的語言，虛像是我的實體。我拚命壓抑自己的聲音活了下來。這一切都是自作自受，我覺得自己連一聲苦都不應該喊。可是我已經撐不下去了。我想用我自己的話，說出我心所想。留下我活過的痕跡。從早到晚，我無時無刻不管在做什麼的時候都在想這件事。如果不這麼做，精神已經要垮了。我跟自我的過去對峙、戰鬥，書寫是我如今所能有的唯一的自我救贖。我僅存的「存活之路」。我真的除了寫作這本書以外，已經找不到任何可以找回自己的生路。

寫了，卻又會加深各位的痛楚。我雖然知道，卻還是無論如何無論如何都想寫。這麼做實在太過自私了，我對於各位深深感到歉疚，真的萬分抱歉。

如果能有一行、一行也好，如果書中能有隻字片語能夠回答你們的「為什麼」那就好了。

虔心祈願土師淳與山下彩花能夠安息。

真的非常、非常抱歉。

VIEW 105

絕歌——日本神戶連續兒童殺傷事件

作者——前少年A
譯者——蘇默
主編——李國祥
編輯總監——蘇清霖
董事長——趙政岷
出版者——時報文化出版企業股份有限公司
108019臺北市和平西路三段二四〇號三樓
發行專線——（〇二）二三〇六—六八四二
讀者服務專線——〇八〇〇—二三一—七〇五
（〇二）二三〇四—七一〇三
讀者服務傳真——（〇二）二三〇四—六八五八
郵撥——一九三四四七二四時報文化出版公司
信箱——臺北郵政七九～九九信箱
時報悅讀網——http://www.readingtimes.com.tw
電子郵箱——genre@readingtimes.com.tw
法律顧問——理律法律事務所 陳長文律師、李念祖律師
印刷——勁達印刷有限公司
二版一刷——二〇二一年九月三日
定價——新臺幣三八〇元

時報文化出版公司成立於一九七五年，
並於一九九九年股票上櫃公開發行，於二〇〇八年脫離中時集團非屬旺中，
以「尊重智慧與創意的文化事業」為信念。

絕歌 / 前少年A著；蘇默譯. -- 二版. -- 臺北市：時報文化出版企業股份有限公司, 2021.09
面；　公分. -- (View；105)
譯自：絕歌：日本神戶連續兒童殺傷事件
ISBN 978-957-13-9364-3(平裝)

1. 青少年犯罪 2. 個案研究 3. 日本

548.581　　110013773

ISBN 978-957-13-8651-5
Printed in Taiwan